JN025905

Staff Development

2

大学SD講座　2

大学教育と学生支援

中井俊樹 編著

玉川大学出版部

「大学 SD 講座」刊行にあたって

「大学 SD 講座」は、大学職員として必要となる実践的な知識を体系的に提示することで、大学の教育研究活動の運営にこれまで以上に貢献したいと考える大学職員を支援しようとするものです。シリーズ名に含まれる SD という用語は、スタッフ・ディベロップメントの略称であり、大学職員などの能力開発を指します。

第一の読者として想定しているのは大学職員です。勤務経験の短い大学職員にとっては難しいと感じる内容が含まれるかもしれませんが、大学とはどのような組織であり、自らがどのように活動を進めるべきかを理解することができるはずです。勤務経験の長い大学職員にとっては、これまでの現場での経験を振り返り、その後の自身のキャリアを考えるきっかけになるでしょう。また、研修を担当する大学職員にとっては、研修全体の構成を検討したり、個々の研修の教材を作成したりする際に役立つでしょう。

大学職員に加えて、大学教員も読者の対象として考えています。大学設置基準では、SD の対象として一般の大学教員や学長などの大学の執行部も含まれていますが、本シリーズは広く教職員に役立つ内容となっています。さらに、大学職員を目指す方や大学から内定をもらい近々大学職員になる方にも手に取ってほしいと考えています。本シリーズでは便宜上、大学という用語を使用していますが、短期大学、高等専門学校などの高等教育機関の職員にも役立つ内容になっています。

2017 年の大学設置基準の改正において、SD が義務化されました。多くの大学では、この義務化を契機に大学職員の研修の制度や体制が充実しつつあります。制度や体制の充実化が進められる一方で、遅れているのは質の高い教材の開発です。特定領域の内容については優れた教材が作成されるようになってきていますが、体系的にまとめられた本格的な書籍はほとんど見られないのが現状です。

本シリーズの最大の特徴は、大学職員の視点で大学職員に必要となる知識が整理されてまとめられているという点にあると考えています。そのため、多くの大学職員に執筆者や協力者として加わっていただき意見を反映しました。これまでの多くの大学論は高等教育研究者などの大学教員の視点でまとめられているのに対し、本シリーズは大学職員が自分たちの後輩や同僚に何を伝えるべきなのかという視点を重視して内容をまとめています。

本シリーズは、教職員能力開発拠点として認定されている愛媛大学教育・学生支援機構教育企画室の活動の成果です。刊行にあたっては、全国で活躍する多くの教職員から有益な情報をいただきました。本シリーズが多くの大学関係者に活用され、直面する課題を解決し大学の教育研究活動の運営の質を高めることに役立つことを願っています。

シリーズ編者　中井俊樹

はじめに

大学における教育とはどのような営みなのでしょうか。学生に対して大学はどのような支援をする必要があるのでしょうか。また、そのためには、大学職員はどのような知識や技能を身につけておくべきなのでしょうか。

近年、大学教育における大学職員が担う役割は拡大しています。管理運営業務をはじめ、カリキュラムの編成や改善、入学者選抜、学生支援など多岐にわたっており、業務に必要な知識や技能は増加しています。「大学 SD 講座」の２巻である『大学教育と学生支援』は、大学職員が大学教育と学生支援に関する知識や技能を身につけられるようにまとめています。

本書の特徴は、大学職員を対象に書かれている点にあります。これまで大学教育に関する書籍は多数刊行されていますが、それらは主に大学教員もしくは研究者を対象に書かれたものでした。そのため、大学職員にとって自分の職務と関連させて大学教育を理解することは難しいものであったかもしれません。一方、本書は大学職員の視点で、大学教育に関する業務に関連する内容を取り入れています。

本書は、大学職員にとって業務に役立つ内容をその背後にある理論や枠組みといった原理と関連づけて紹介しています。理論や枠組みなどの原理は、大学職員にとって長期にわたって役立つものとなるはずです。法令や制度は毎年のように変化していきます。最新の法令や制度を紹介したとしても、それらは時間とともに古くなってしまうでしょう。一方、法令や制度が変化しても一貫して通底する原則はあるものです。たとえば、入学者選抜の方法はこれまで何度も変わってきましたが、能力の高い者が選抜されること、公平かつ妥当な方法で試験を実施すること、高校教育への影響に配慮することなどの原理は変わりません。このような原理を理解することで、刻々と変化する法令や制度に翻弄されずに、現状を正しく理解し適切な行動がとれるでしょう。

また、大学教育は、法令などを通して画一して規制される面が少ないという特徴をもっています。大学には、学問の自由に基づく大幅な裁量が与えられています。そこで、大学教育や学生支援にあたっては教職員が主体的に取り組む必要があります。そのため、学生はどのような特徴をもっているのか、在学中に学生はどのように成長するのか、どのような支援によって学生はより成長するのかなどの原理を理解したうえで、所属する大学での最適解を導き出すことが求められているといえるでしょう。

理論や枠組みといった原理は、現場の実践と距離があるようにみえるかもしれません。しかし、直面する現象にはどのような意味やメカニズムがあるのかを考え、さまざまな現象を整理して、自分自身の教育に対する考え方を深めたりすることに役立つでしょう。それらは大学職員としての仕事の意味を見い出すことにもつながるのではないかと考えています。

本書は、12 章から構成されています。各章の視点から大学教育と学生支援が理解できるようになっています。第 1 章から順に読まれることを想定して書いていますが、各章においても内容が完結するように心がけて執筆しているので、自分の関心のあるところから読み始めてもよいでしょう。

本書では読みやすさも重視しています。できるだけわかりやすい文章を心がけ、本文の内容に合ったイラストも挿入しています。また、執筆者の経験や意見を短い読み物形式でまとめたコラムも掲載しています。さらに、本文中に「**カリキュラム***」のような右肩に印がつけられている用語は、巻末の用語集において解説をしています。用語集には本文における掲載頁が示されており、索引としての機能も兼ねています。巻末には、大学教育に関する政策文書や大学教育に関する定期的調査も資料としてまとめています。

本書で使用する用語についてあらかじめ説明します。職員という用語は、法令などで大学教員を含めて用いられる場合もありますが、本書では大学教員を含まない用語として使用しています。大学教員を含む場合には、大学の現場で使われる教職員という用語を使用します。また、法規や政策文書で学修という用語が学習と区別して使用されますが、この２つの用語の差異が広く共有されているとはいえないため、法規や政策文書などの引用部分を除いては学習を使用します。

本書の刊行にあたり、多くの方々からご協力をいただきました。特に「大学 SD 講座」のほかの巻の多数の執筆者からは何回にもわたり有益なコメントをいただきました。さらに、淺田隼平氏（愛媛大学）、織田隆司氏（愛媛大学）、篠田雅人氏（社会情報大学院大学）、砂田寛雅氏（愛媛大学）、西野毅朗氏（京都橘大学）、橋本規孝氏（立命館大学）、丸山和昭氏（名古屋大学）、村瀬隆彦氏（学校法人梅村学園）、森山至貴氏（早稲田大学）には、本書の草稿段階において貴重なアドバイスをいただきました。また、玉川大学出版部の森貴志氏、林志保氏には、本書の企画のきっかけをいただき、本書が完成するまでのさまざまな場面でお力添えいただきました。この場をお借りして、ご協力くださったみなさまに御礼申し上げます。

編著者　中井俊樹

目　次

大学教育と学生支援

第1章　大学教育の特徴

1　大学は教育機関である

(1)　教育機関として誕生した

大学教育は中世以来の長い歴史をもっています。現在の大学の起源とされるのは、12 世紀から 13 世紀のヨーロッパの大学です。代表的な初期の大学といえば、イタリアのボローニャ大学とフランスのパリ大学です。初期の大学は教育機関として誕生しました。誕生という言葉を使用したのは、国によって設立されたものではないからです。知識を学び教えあう者たちの共同体として自発的に成立したのが大学のはじまりです。

初期の大学では、聖職者、法曹、医者といった**専門職***を養成していました。**リベラルアーツ***の起源となる基礎的な学問を学習する哲学部の上に、神学、法学、医学の学部が置かれていました。研究という役割が大学に期待されるようになったのは、19 世紀になってからのことです。現在の大学には教育、研究、社会貢献といった役割がありますが、初期の大学から一貫して行われているのは教育なのです。

(2)　大学教育の３つの潮流

長い歴史の中で、大学教育には現在につながる３つの潮流があると整理されています（金子 2013)。第１の潮流は職業教育です。中世に誕生した大学が専門職養成であったように、現在でも医師を養成する医学部や教員を養成する教育学部など、特定の職業人を育成することに特化した学部があります。また、特定の職業人を育成することを明示していない学部においても、教育を通して働くことへの準備を行うという役割への期待は小さくないでしょう。

第2の潮流は、**一般教育***です。特定の職業を念頭に置かずに共通して与えられるべき教育です。中世の大学における哲学部の教育は、イギリスのオックスフォード大学やケンブリッジ大学における学寮において独自の発展を遂げました。当初は、富裕階級の子弟の育成を目的として、ギリシアやローマの古典を教材に思考の鍛錬が行われました。そうした一般教育の重要性は日本の大学でも認められています。**大学設置基準***の第19条第2項は、「幅広く深い教養及び総合的な判断力を培い、豊かな人間性を涵(かん)養するよう適切に配慮しなければならない」ことを教育課程の編成方針として定め、それを受けて多くの大学では共通教育や教養教育という名称のもと、一般教育を重視しています。また、教養の語を冠した学部や大学もあります。

第3の潮流は、専門教育です。大学に研究を取り入れたのは、1810年に創設されたベルリン大学です。ベルリン大学における研究と教育の統一の理念は、**フンボルト理念***と呼ばれ、近代大学のモデルとなっています（潮木 2008）。現在の多くの大学で取り入れられているゼミナール、実験、卒業研究などは、フンボルト理念を教育活動の中で具体化したものと理解することができるでしょう。

現在、どの大学においてもこの3つの潮流は無視できません。ただし大学教育の中で、職業教育、一般教育、専門教育の3つの役割をどのようなバランスで重要視していくのかは、置かれた状況や専門分野によって各大学で決めていくべきものといえるでしょう。

(3) 主体的に学習する場である

大学教育を正しく理解するためには、大学における学習とはどのような活動なのかを考える必要があります。中世の大学の誕生の経緯や、大学教育が義務教育ではないことを踏まえると、学習したいと考える学生の集まる場が大学だといえるのではないでしょうか。そうであれば、大学で行われる学習は、受け身の活動ではなく学生の主体的な活動であるべきでしょう。

大学教育においては、学生の主体性を尊重することが重要です。専門分野を決めたり、卒業研究のテーマを決めたりするうえで学生の主体性が尊重されています。また、大学の**カリキュラム***に選択科目が含まれているのは、学生に科目選択をゆだねることで主体性を尊重していると考えることができます。

主体的な学習には学生の学習意欲が不可欠です。それでは学生が学習に向かおうとしない場合は、大学はその学生に対して何もできないのでしょうか。そのようなことはありません。学生の学習意欲が低ければ、大学が学生に対して動機づけを行い、学習意欲を高める必要があります。学生が自ら学習へ向かう状況をつくることも大学には求められます。

大学教育は大学の思う通りに一方的に進めるものではありません。しかし、学生の思うままに進めるものでもありません。一見すると矛盾にもとらえられる学生の主体的な学習の支援の実現こそが、大学教育において重要なのです。

(4) 相互作用が重要である

教育は、教員が学生に対して一方的に行う情報伝達ではありません。学生の意見を聞いたり、学生の質問に答えたり、学生に課した小テストの結果を**フィードバック***したりする相互作用の中で教育は進められ、学生はその中でさまざまなことに気づき学習が促進されます。また、そうした学生との相互作用を通して、教員も教育方法や教育に対する考え方を洗練させていきます。

また、相互作用が大事なのは教員と学生の間だけではありません。学生間の相互作用も重要になります。学生が１人きりで難しい課題に挑戦するには限界があります。１人でできることと、他者と一緒であればできることには差があります。その差を、ヴィゴツキーは**発達の最近接領**

域*と呼んでいます（ヴィゴツキー 2001）。この概念は授業における学生のグループでの学習という形で活用されています。さらに学生間の相互作用は授業の外でも行われます。たとえば、クラブ・サークル活動や大学祭などにおいて、ほかの学生との交流を通して、学生は多くのことを学び成長していきます。最近では**ピアサポート***など学生間で支援しあう活動を制度化する大学も多くなっています。

また、学生とさまざまな人との相互作用を促すことも重要です。ゲストスピーカーが行う授業、学外の大学との合同授業、実習、**フィールドワーク***、留学、**インターンシップ***など、大学教育は学内だけに閉じてはいません。さまざまな学外者との相互作用を通して学生の学習や成長は促進されます。

大学職員も学生にとってキャンパス内で身近に接する大人です。学生にとって社会人として働く姿を目にすることのできる存在でもあります。相互作用がもつ影響を意識しながら学生と接することにより、さらなる教育的効果を生むことが期待できます。

(5) 社会的な責任が大きい

大学教育が負う社会的責任の大きさを理解しておきましょう。まず、大学教育において得られた知識や能力は、学生のその後の人生に大きな影響を与えます。大学の卒業時に授与される**学位***は、特定の職業に就くための基本的な要件になったり、就職後の給与などの待遇に影響を与えたりします。

また、大学教育の効果は個人のレベルにはとどまりません。大学教育は広く社会や国の発展にもつながります。大学教育の社会的意義が認められるからこそ、国や地方公共団体の予算が大学に投入されているのです。また、大学には運営において**学問の自由***に基づく一定の自治が認められています。予算に伴う説明を果たすなど自治に伴う責任も大学には求められるのです。

2　大学教育は組織的な営みである

(1)　教育目標にそって協働する

　大学における教育は、1人の教員によってすべて行われるものではありません。教職員の協働によって大学教育は成り立っています。授業を考えただけでも、それぞれの専門分野をもつ多数の教員が担当しています。また、非常勤講師や実習先などの学外の協力者も学生を指導します。さらに、入学者選抜、教務、留学支援、学生支援、教育環境の整備、図書管理といったさまざまな業務を担当する職員によって大学教育は支えられています。

　多くの人々の協働を効果的に進めるためには、共通の目標が必要です。共通の目標がないと、それぞれの役割が明確になりません。大学教育における目標は、各大学が定める教育理念に基づいた教育目標です。現在の大学では、**ディプロマ・ポリシー***において卒業時に身につけるべき能力が具体的に示されています。その目標を達成するために協働が行われるのです。そして、共通の目標があるからこそ協働がうまく機能しているかどうかを評価することができ、改善することができるのです。

(2)　法令や規則にそって運営する

　大学教育は、法令や規則によって運営されます。**教育基本法***、**学校教育法***、大学設置基準などの大学教育に関連する法令を正しく理解しておく必要があります。**単位***はどのように定められているのか、履修科目の登録の上限はどのように定められているのか、**卒業要件***はどのように定められているのかといった基本的な知識は、教務を担当する職員なら誰でも身につけておかなければならないでしょう。また、現在の法令を理解するだけでなく、将来の法令に影響を与える**中央教育審議会***の答申などの政策文書にも目を通しておきたいものです。

また、大学に一定の裁量が認められているため、大学が自ら規則を定めて運用する必要があります。大学において基本的な規則の1つが**学則***です。学校教育法施行規則の第3条において、学則は大学の設置認可申請に必要な文書として位置づけられています。学則は、**修業年限***、組織、教育課程、学習の評価、**収容定員***などの基本的な事項について定めたものです。その学則のもとに、教務や学生生活について各種規則が定められているのです。

大学教育の運営は学則をはじめとした学内規則にそって行われます。時には学内規則が法令の改正や環境変化に対応していなかったり、新しい試みを妨げたりすることもあるでしょう。その際には、十分に検討したうえで決められた手順で学内規則を変更することが求められます。

(3) カリキュラムにそって教育する

大学教育には多数の教員がかかわるため、カリキュラムにそって教育することが重要になります。大事な内容が抜け落ちたり、同じような内容の授業が重複したりしたら、効果的な教育にはなりません。カリキュラムによって個々の授業を担当する教員の役割が明確になります。

大学のカリキュラムは大学自身が編成すべきものです。大学には自治が認められており、カリキュラムの編成には大きな裁量がゆだねられています。大学設置基準には教育課程の編成方針がゆるやかに定められており、各大学は学問分野の体系性を担保したうえで、特色のあるカリキュラムを編成することになります。高校までの学校では**学習指導要領***によって教科ごとにいつ何を学習するべきかの基準が細かく示されていますが、大学では学習指導要領に相当するものはありません。もちろん医師や看護師などの国家資格を取得する学部などには、学習すべき内容を定めた別の法令がありますが、それでもカリキュラムに各大学の特色を出すことができます。

カリキュラムは組織的に編成されるべきものです。特に各種委員会の運営、法令や規則との調整、関連する情報収集、カリキュラムの原案作成の支援、時間割の作成、教室の割り当てなどのさまざまな場面で大学職員の役割が期待されています。

(4) 教育の質を維持し向上する

大学は、教育理念や教育目標を実現するために、教育活動を継続的に点検し、質の保証を行うことが求められます。2004 年から学校教育法に基づく**認証評価***の制度が始まりました。それによって大学は、7 年以内ごとに文部科学大臣が認証する評価機関の評価を受けることになりました。この制度は、事前規制としての設置認可の弾力化に伴い、設置後の大学の組織運営や教育研究活動などの状況を定期的に事後確認する体制を整備する観点から導入されました。

このように学外から評価される機会は増えていますが、大学が主体的に教育目標を達成しているのかどうかを評価することが基本です。認証評価においても**内部質保証***という用語で大学の主体的な質の保証の体制づくりが期待されています。特に卒業時の学生の学習成果をどのように評価して可視化していくのか、そしてそれをもとに大学教育全体の改善にどのようにつなげていくのかが組織的な課題といえるでしょう。この課題を解決するためには、**FD***や**SD***といった教職員の能力開発や**インスティチューショナル・リサーチ***を、教育の質を維持し向上させるためにどのように活用するのかを検討することが鍵といえるでしょう。

3 大学教育には学生支援が必要である

(1) 支援が必要な理由を理解する

大学が学生を支援する理由は、大学教育の制度ともかかわっています。学生が選択できる科目の幅は、高校までの教育と比較すると大きく広がっています。その中で適切に履修科目を登録するのは学生にとって簡単なことではありません。適切な支援がなければ、学生にとって重要な科目を選択せずに、周りの学生にあわせて選択したり、成績評価の甘い科目を選択したりしてしまうかもしれません。

大学ではさまざまな選択肢が学生に用意されています。**教職課程***を履修するかどうか、留学するのかどうか、専門分野をどのように絞っていくのかなど、学生には多数の選択肢があります。また、卒業後の**キャリア***についても、進学するのか就職するのか、就職するとしたらどのような業種を目指すのかなど多数の選択肢の中から学生は進路を決めることになります。どれも最終的には学生本人が決めるべきことですが、どのように考えたらよいのかについての支援が必要といえるでしょう。つまり、自由度が高く基本的に自己責任で運用される制度であるからこそ、学生への支援が求められるのです。

(2) 学生の学習を支援する

学生の学習に対する支援は欠かせません。大学教育は専門性が高く、学習は容易ではありません。大学の授業についていけない学生もいるでしょう。多人数の学生を一斉に対象とした授業では特に注意がいるかもしれません。一斉授業はクラス内の平均的な学生の学力にあわせて進められるからです。そのため、高校で物理を履修した学生と履修しなかった学生を別のクラスに分けたり、入学時の英語のテストの結果でクラスを分けたりするといったようなカリキュラム上の工夫もできるでしょう。

また、授業時間外で学生の学習を支援する機会を充実させる必要があります。なぜなら、学習に関する課題は個々の学生によって異なるからです。**オフィスアワー***を通した教員による指導や教職員による履修指導や学生相談が重要になってくるでしょう。また、学生間で学習支援を行うピアサポートの制度を取り入れる大学も少なくありません。

(3) 学生の発達を支援する

学生は在学中に大きな成長をとげます。成長は学習面にとどまるものではなく、人間的な幅広い成長を含みます。そのような成長は発達と呼

コラム　教育観を通して現象を理解する

「厳しく管理したほうが学生は成長する」と考える者もいれば、「自由にやらせたほうが学生は成長する」と考える者もいるでしょう。人は教育がどうあるべきかについての個人的な信念や価値観をもっています。このような教育に対する信念や価値観を教育観といいます。教育観は、その人にとっての教育実践における原理や原則です。後輩指導や子育てなどにおいて、個々の教育観は反映されるものです。

教育観は個人だけのものではありません。たとえば、2012 年の中央教育審議会の答申においてアクティブラーニングが推進された背景にも、教授から学習へという教育観の転換がありました。個々の政策方針の前提となる教育観に着目することで、教育改革の重要な流れを把握することができるでしょう。

同様に、個々の大学にも教育観があります。建学の精神、教育理念、3 つのポリシーなどで教育機関の教育観が明確に示されている場合もあれば、明示されていないものの大学の中で歴史を通して文化として大事にしてきた教育観がある場合もあるでしょう。教職員は所属大学の教育観を理解しておくことが重要でしょう。

学内の会議で議論がまとまらないことは多々あります。人間関係や利害関係がその原因である場合もありますが、個々の教育観の対立が原因である場合も少なくありません。専門分野の知識の提供が重要なのか汎用的能力の育成が重要なのか、学生の科目の選択の幅を広げるのか狭めるのか、適正なクラス規模は何人程度なのか、遠隔教育を推進するかどうかといった議論の背景には個々の教育観の違いがあるのです。

業務で直面するさまざまな現象は、教育観という観点でとらえると整理して理解することができるでしょう。また、組織や他者の教育観を理解するだけでなく、自分自身の教育観も大事にしましょう。自分の言動に一貫性をもたせるのが教育観だからです。「この問題をあなたはどう思うか」という質問に対して自分の意見を言えるように、自身の教育観を洗練させていきましょう。

ばれます。不安や緊張といった感情を制御したり、健全な人間関係を構築したり、**アイデンティティ***を確立したり、将来のキャリアを展望したりすることができるようになることを指します。

そのような学生の発達を支援することも大学の重要な役割です。発達は授業の中の学習だけではなく授業以外のさまざまな経験の中で促されます。クラブ・サークル活動、**ボランティア***、大学祭、留学、インターンシップ、寮生活、自治会活動といった**正課外活動***は、学生の発

達に多くの影響を与えるものです。このような人間形成を目指した正課外の諸活動における指導や援助を**厚生補導***と呼びます。大学設置基準第 42 条では、大学に厚生補導の組織を設置することが規定されています。

(4) 学生の生活を支援する

学生の生活面を支援することも重要です。その1つは経済的支援です。教育基本法第 4 条に示されている**教育の機会均等***は、大学教育においても大切な理念です。経済的理由によって修学が困難な学生に対してはさまざまな措置を講ずる必要があります。それは国の支援のみに任せておけばよいものではありません。たとえば授業料減免や**奨学金***の制度、ノートパソコンの貸与、学生寮の充実、アルバイトの紹介など、大学ができる支援も数多く存在します。

また、健康にかかわる支援も重要です。充実した学生生活を送るには心身両面の健康を保つことが必要です。多くの学生は子どもから大人へ移行する青年期にあり、精神面で不安定な状態になりやすいという特徴があります。そのため、相談窓口を設けたり、ガイダンスや授業などの場面で健康の保ち方について指導したりする必要があるでしょう。

さらに、学生はさまざまなトラブルや事故にも巻き込まれる場合があります。インターネット上のトラブル、ブラックバイト、カルト団体、盗難・窃盗、**ハラスメント***などは多くの大学が抱える問題です。学生が安心して学習することができるように、大学はトラブルや事故の予防とそれらに対する適切な事後対応を講じる必要があります。

(5) 個々の学生を尊重する

大学が学生を支援する過程で重要なことは個々の学生を尊重することです。そのためには、学生全員に対しての一律な対応では不十分である場合もあります。大学が対応しうる範囲で個別の対応が必要になるでしょう。

特に大学における多様な学生の存在を理解しておきましょう。社会人経験をもつ学生、子どもをもつ学生、障害のある学生、留学生などの多様な学生が存在しています。大学の活力は、属性、経験、文化などが互いに異なる学生を受け入れることで生み出されます。すべての学生が安心して学習できるように配慮しなければなりません。

多様な学生がいることを前提に、教職員の言動がそれにふさわしいかどうかに敏感になりましょう。たとえば、すべての学生の母語が日本語であるという前提、すべての学生の両親が健在であるという前提、特定の職業は男性もしくは女性が適しているという前提で話をしてしまうと、自分の存在が否定されたと感じてしまう学生がいるかもしれません。

学生とのやりとりの中で自分の価値観を話す場合もあるでしょう。それ自体に問題はありませんが、自身の価値観を学生に押しつけたり、自分と異なる学生の価値観を否定したりすることは避けるべきです。学生自身の意思を尊重し、学生が置かれた立場と背景を考えながら対応することが求められます。

第2章　カリキュラム

1　カリキュラムを理解する

(1)　教育は計画する必要がある

教育という営みには、教える側の教育者と学ぶ側の学習者が存在します。通常は、教育者の何らかの意図に基づいて一定の内容が教えられ、学習者がそれを学びます。

教育者のもつ意図、つまり、教育の目的が高度なものになればなるほど、教育内容もまた高度で複雑なものとなります。とりわけ大学のような高等教育機関では、教育の目的と教育内容は、これまでの学校段階におけるそれと比べても極めて高度なものです。

そのような高度な教育内容を学生に対して教える際には、何をどのような順序で教えるのかについて、あらかじめ入念に検討しなければなりません。すなわち教育の目的に基づいて、教育内容を計画的・組織的に編成することが必要となるのです。

大学設置基準*の第 19 条においては、「大学は、当該大学、学部及び学科又は課程等の教育上の目的を達成するために必要な授業科目を自ら開設し、体系的に教育課程を編成するものとする」と定められています。**カリキュラム***の編成に主体的な役割を発揮することが大学に期待されているのです。

(2) カリキュラムという用語を理解する

カリキュラムという言葉は多義的な用語です。カリキュラムの語源は、「人生の来歴」を意味するラテン語であるといわれ、そこから転じて、各種教育機関における教育の計画を意味する言葉として一般的に用いられるようになりました（柴田 2001）。カリキュラムとは、教育機関が編成する体系的な教育計画を指します。ただし、学習者に与えられる学習経験の総体として、**隠れたカリキュラム***のように教育機関が意図しない学習も含めて広義にとらえられる場合もあります。

一方、**学校教育法***や大学設置基準などの法令では、教育課程という用語が使用されます。教育課程はカリキュラムの同義語であるともいえます。しかし、教育課程は、学習者に与えられる学習経験の総体といった広い意味はなく、主に制度化され計画化された部分を指します。

(3) 教育目標にそって編成される

カリキュラムは、大学によって定められた教育目標の達成に向けて学生を導けるような一貫したものであることが大切です。教育目標にそって体系的にカリキュラムを編成するという発想が根づき始めたのは、日本の大学教育の歴史の中では比較的最近の話です。こうした考え方を整理し、政策的に提示したのは、2008 年の**中央教育審議会***による答申「学士課程教育の構築に向けて」においてのことでした。

この答申では、**学位***を与える課程ごとに**ディプロマ・ポリシー***、**カリキュラム・ポリシー***、**アドミッション・ポリシー***を策定し、それをもとに体系的なカリキュラムを編成することの必要性を強調しています。3 つのポリシーの具体的な意味については、文部科学省の説明によれば、表 2-1 の通りです。

これらのポリシーは、各大学の教育理念や人材養成の目的を具現化したものとして位置づけられています。とりわけ、カリキュラム・ポリシーはカリキュラムを編成する際の具体的な枠組みとしての役割をもっ

表 2-1　3つのポリシーとその内容

ディプロマ・ポリシー	各大学、学部・学科等の教育理念に基づき、どのような力を身につけた者に卒業を認定し、学位を授与するのかを定める基本的な方針であり、学生の学習成果の目標ともなるもの。
カリキュラム・ポリシー	ディプロマ・ポリシーの達成のために、どのような教育課程を編成し、どのような教育内容・方法を実施し、学習成果をどのように評価するのかを定める基本的な方針。
アドミッション・ポリシー	各大学、学部・学科等の教育理念、ディプロマ・ポリシー、カリキュラム・ポリシーに基づく教育内容等を踏まえ、どのように入学者を受け入れるかを定める基本的な方針であり、受け入れる学生に求める学習成果を示すもの。

出所　中央教育審議会大学分科会大学教育部会（2016）より筆者作成

ているのです。

教育理念や人材養成の目的というものは、抽象度の高いものになりがちです。それをより具体的な言葉に噛み砕いて表現することは、カリキュラムを編成する際に教職員の共通認識を形成するうえでも重要な意味があるといえるでしょう。

(4)　大学教育には時間的制約がある

大学教育は限られた時間の中で行われなければならないことからも、カリキュラムの必要性がわかります。たとえば、社会の発展や科学の高度化は、大学教育で扱うべき教育内容の増大につながるかもしれません。しかし、高度化にあわせて教育内容も純増させていけばよいというものではありません。限られた時間の中で、学生が教育目標を達成できるように計画しなければなりません。カリキュラムを編成することは時間的制約の中で、大学として目指す教育を実現する方法を考えることであるともいえるでしょう。

大学が授業を開講する際には一定の時間的枠組みが存在します。たとえば、大学設置基準第 22 条においては、「一年間の授業を行う期間は、定期試験等の期間を含め、三十五週にわたることを原則とする」と定められています。1日に授業が開講できる時間に関しても、夜間部の学部を除けば、夜間にまで及ぶようなことは望ましくありません。

また、学生個人の視点に立てば、個々人が大学の4年間ないし6年間の期間の中で学習に費やせる時間は限られています。そのため、大学設置基準第32条においては、医療系の一部の領域を除いて、**卒業要件***に関して124単位という標準的な学習量が規定されています。124単位という総量は、当時の労働者の労働時間に倣い、1週間あたり45時間の学習を想定して定められています。

大学で一般的に採用されている、授業科目の選択制という仕組みは、時間的制約の中での工夫という側面もあります。授業科目の選択制の嚆矢は、19世紀後半のハーバード大学における自由選択制の導入だといわれています。選択制によって、複数の科目が同一の曜日、時限（以下、曜限）に開講可能となったのです。

2　カリキュラムを編成する

(1)　考慮すべき視点を理解する

カリキュラム編成を検討するには重要ないくつかの視点があります。以下に、代表的な4つの視点をあげましょう。

第1に、学問的な視点です。つまり、そのカリキュラムが基盤としている学問領域の体系を反映することが必要となります。日本学術会議が策定した教育課程編成上の分野別参照基準が、哲学、政治学、数理科学などの30以上の分野において公開されています。

第2に、**専門職***の養成という視点です。特定の領域の人材養成に関しては、カリキュラム編成の要件が定められていたり、**モデルコアカリキュラム***などが策定されていたりする場合があります。代表的なものとしては、教員養成、医師や看護師などの医療系人材の養成、技術士育成などを目的としたカリキュラムがあげられます。

第3に、社会的要請の視点です。大学は人材養成に関して、国や所在している地域、産業界などに対する一定の責任を負っています。また、それぞれの関係者に対してどのような責任を負っているのかは、大学によって異なるはずです。大学の特性に応じた責任を果たすこともまた不可欠です。

第4に、学生の視点です。カリキュラムにおいて実際に学習を行うのは学生です。したがって、学生がもっている能力や学生の関心に応じたカリキュラムを編成しなければ、教育が効果的に行われることはありません。

これらの4つの視点を漏れなく踏まえるには、広く教職員による積極的な議論が欠かせないでしょう。たとえば第1と第2の視点は、当該分野の専門家である教員にその検討が求められるでしょう。しかし、教員だけでは第3や第4の視点を必ずしも十分に踏まえきれないかもしれません。社会から大学に向けられる要請や、大学が社会に対して発信しうる強みは、大学職員の目線で検討することによって見い出せるかもしれません。また、履修指導やキャリア支援の現場でわかる学生の姿や、各種調査を通じて得られた学生の声をカリキュラムに反映させる点でも、大学職員の担う役割は決して小さくありません。こうした教職員の議論によってよりよいカリキュラムを実現することができるでしょう。

(2) 編成の方法を理解する

カリキュラム編成における基本的な方法を理解しておきましょう。今日のカリキュラム編成の基本原理として知られているのが**タイラー原理***です。タイラー原理では以下の4つの段階が示されています（タイラー 1978）。

1 どのような教育目的を達成するように努めるべきか
2 これらの目的を達成するために、いかなる教育的経験を用意できるか
3 これらの教育的経験はどのようにすれば効果的に組織すること

ができるのか

4　これらの目的が達成されたかどうかをいかにして判定できるか

この原理は、カリキュラム編成において教育目標と授業と評価を一貫したものにすることを強調したモデルといえます。大学教育にあてはめれば、ディプロマ・ポリシーにおいて教育目標を明確に定め、それに向けて教育の内容や方法を定めていくものです。近年では、**逆向き設計***として方法が洗練されています。

(3) 構成要素を理解する

カリキュラムは多くの構成要素によって成り立っています。カリキュラムを編成したり改訂したりする際には、カリキュラムの構成要素の全体像を理解しておくことが重要です。変えることのできる構成要素を理解すれば、カリキュラムが抱えている課題の解決方法もさまざまなものがあると気づくことができるでしょう。ここでは、大学におけるカリキュラムの主要な構成要素を 10 に絞って紹介します。

教育目標

カリキュラムの編成の拠り所は、教育目標です。大学では、ディプロマ・ポリシーという形で教育目標が定められています。ディプロマ・ポリシーとして示した教育目標を達成するためには、各学年でどのような教育目標を設定すべきか、年次ごとの教育目標を具体的に設定していくことも有効です。このように具体的な教育目標を設定することで、カリキュラムの編成や評価の際の基準が明確になります。

編成方針

教育目標を達成するカリキュラムにするためには、カリキュラムの編成に関する方針を定める必要があります。この方針はカリキュラム・ポリシーと呼ばれます。さまざまな教職員が関与する大学のカリキュラムは、編成方針を明文化し認識を共有することによって、その運営が円滑に進んでいくといえるでしょう。

開設する授業科目の設定

教育目標に基づいて、具体的にどのような授業科目を開設するかを明確にします。どのような分野や内容の授業を開設するのか、全体の科目数をどの程度にするのか、開設科目全体の中での専門教育科目の割合をどの程度にするのか、複数の学問領域にまたがる学際科目や領域横断科目などを取り入れるのかなどが検討事項になります。

授業科目の配列

学生の理解度や学習の段階に応じて各年次に授業科目を配列します。一般的には、教養教育から専門教育、講義から卒業研究といった大まかな配列があります。また、**アーリー・エクスポージャー***という早い時期に仕事の現場を体験する機会を組み込むという方法や、卒業研究に取りかかる前の２年次や３年次といった中間学年に研究活動を経験するような科目を取り入れる方法もあります。

授業形態と教授法

学生がどのような方法で学習するのかも、カリキュラムでは重要です。大学設置基準においては、講義、演習、実験、実習、実技という授業形態が示されています。たとえば、知識を伝達することに重きを置く授業科目であれば講義の形式で、得た知識を活用したり体験したりするのであれば演習や実験で、といった形です。必要に応じて複数の授業形態を組み合わせることも認められています。

また、授業形態にも密接にかかわりますが、どのような教授法を用いるのかということも重要です。教員による講義を行うか、学生が相互に学ぶ活動を取り入れるかなど、多様な教授法があります。グローバル化に対応するために授業で主に使用する言語を日本語以外とするのか、教室の外での受講を実現するために遠隔授業を取り入れるのかといったことも教授法の検討事項になるでしょう。

時間的枠組み

教育目標を達成するために必要だと想定される授業科目について、いつ開講するのかという時間的枠組みも重要です。学期については、通年制、セメスター制、クオーター制などの区切り方があります。1コマの授業時間については、60分授業、90分授業、100分授業など、それぞれの大学が設定しています。授業の開講頻度については、週1回開講することが一般的ですが、学習効果を向上させるために複数回にする方法もあるでしょう。さらに、集中講義のように短期間に集中的に開講するという方法もあります。

学生の履修の制限

多くの大学では、学生の主体的で幅広い学習を促進するために、卒業要件として求められる科目よりも多くの授業科目が開講されており、学生の履修における自由が一定程度認められています。しかし、すべてを自由にしてしまうと、学生が無計画に履修してしまうかもしれません。そこで、学生の望ましい履修を促すためにさまざまな工夫が求められます。たとえば、必修科目や選択科目の設定、登録単位数の上限を定める**キャップ制***の導入、各授業科目の履修条件の設定、履修モデルの提示などです。

専攻分野の決定方法

専攻分野をどの段階で学生が決定するのかも検討が必要です。入学前の段階で専攻分野を決定するという方法もありますが、高校在学中に専攻分野を選択できるほど十分な情報が高校生に与えられているとは限りません。そのため、学生が入学後に時間をかけて所属学科や専攻を選択する**レイト・スペシャリゼーション***という方法もあります。また、主専攻を２つ選べるダブルメジャーや、主専攻と副専攻を選択するメジャー・マイナーといった複数の専門分野を学習できる制度もあります。

多様な学生への配慮

カリキュラムを設計する段階で、多様な学生に配慮することも重要です。たとえば、入学者選抜を経たといっても、学生の能力は必ずしも一様ではありません。数学、物理、化学、英語など、大学における学びの基礎となるような授業科目での学びを確かなものとするために、習熟度別クラス編成を実施する大学もあります。ほかにも多様な学生の学習ニーズにあわせて、早期卒業の制度や長期履修制度を取り入れることもできるでしょう。

他機関との連携

他機関との連携によって、学生に多様な教育内容を提供することができます。たとえば、**単位互換制度***や**共同教育課程***を活用することができます。また、**ダブルディグリー***や**ジョイントディグリー***といった国際共同学位プログラムも可能です。

(4) カリキュラムの意図を可視化する

カリキュラムが編成できたら、どのような方針によって編成されてい

コラム　一般教育と専門教育

日本の大学教育におけるカリキュラムに関する古くて新しい議論としてあげられるのは、一般教育を巡るものです。一般教育は 1991 年以前の法令上の用語であり、現在では教養教育や共通教育などのさまざまな言葉で呼ばれる「専門教育」以外の科目群のことを指します（現在の法令上は存在しない用語ですが、以下では、便宜的に一般教育と呼びます）。

皆さんの勤務されている大学において、一般教育はどのようにカリキュラムに位置づけられているでしょうか。また、教員や学生からはどのように認識されているでしょうか。ある大学では、入学後の学びを決定づけるとても重要な科目群として受け止められているかもしれません。ある大学では、社会とのつながりを重視した PBL のような要素を含んだチャレンジングな科目群として位置づけられているかもしれません。他方で、専門科目以外に薄く広く教えなければならない（学ばなければならない）、できれば担当（受講）を避けたい科目群としてとらえられている大学もあるかもしれません。

そもそも一般教育は、新制大学の目的であった市民育成という理念を具現化する仕組みとして、戦後の占領下における教育改革によって導入されました。しかし、「輸入元」であるアメリカの一般教育（General Education）に対する十分な理解がなされたわけではなく、新たな理念は日本の大学関係者の間に浸透することはありませんでした。

さらに、その内容に関しては、旧制高校の教育内容の焼き直しであることや、内容を変更することに関する制度上の自由が認められていないことなど、さまざまな批判がなされました。その結果、1991 年に大学設置基準が大綱化され、一般教育と専門教育という科目の区分が廃止され、各大学は自由な科目編成ができるようになったのです。

ところが、専門教育に重きを置いた日本の大学の多くは、その後、卒業要件における一般教育科目の修得単位数を縮減し、専門教育の単位数を増やしました（吉田 2013）。「学士課程教育の構築に向けて」は、こうした状況に対する問題提起を行った答申でもありました。従来、一般的に使われていた「学部教育」ではなく、「学士課程教育」という言葉を用いることによって、一般教育と専門教育とを有機的に結びつけ、学士という学位を与える１つの課程としてカリキュラムを編成することを強調しているのです。

一般的には 20〜40 単位程度に相当する一般教育は、学士課程教育全体からみて、決して小さい存在ではありません。一般教育をより有益な学びの機会とするにはどうすればよいのでしょうか。是非、自身の大学の一般教育が何を目的としていて、どのようなプログラムの構成となっているのか、教員や学生からどのように受け止められているのか、などについて考えてみてください。

るのかを可視化しておくことが重要です。これによって、教職員は共通認識のもとで教育にあたることができ、学生は学習の指針が理解しやすくなるからです。

その方法としてカリキュラム・ポリシーがあげられますが、よりわかりやすい形でカリキュラムの意図を可視化することもできます。たとえば、図表によってディプロマ・ポリシーと科目との対応関係を示したり、科目間相互の関係性について示したりすることができるでしょう。**カリキュラムマップ***と呼ばれる図表はこうした役割を担っています。

また、**科目ナンバリング***も有効です。個々の授業科目に対して、領域や難易度に応じた番号や記号を付すことで、カリキュラムにおける当該科目の位置づけを示すものです。

さらに、**シラバス***も重要です。シラバスは、個々の授業科目の内容の説明をしているものですが、ディプロマ・ポリシーと授業科目との対応関係や履修条件も明示することができます。

3　カリキュラムを運用する

(1)　時間割を編成する

カリキュラムを実現するためには、時間割が現実的でなくてはなりません。大規模な大学は年間１万コマを超える授業を運営しています。すべての科目を適切な年次に、適切な曜限で、適切な履修者数になるよう配当する必要があります。

時間割を編成する際にはいくつかの注意事項があります。１つ目は、教室に関連することです。同一の曜限の科目数が、教室数を超えないことが求められます。建物の改修などにより、教室の数や座席数に変化がないかを確認しておきましょう。特に、机や椅子が固定か可動か、椅子は何人がけかといった条件は、授業の座席指定や定期試験時の収容可能な人数に影響するため注意が必要です。

2つ目は、教員に関連することです。1人の教員が同一曜限に2科目以上担当することはできません。教員がオムニバス形式の科目を担当する場合は特に注意を要します。このほか、委員会など業務の日程や特定の曜日に授業が偏らないかなどを考慮する必要もあります。また、教員個人から教室や曜限に関する要望が寄せられるかもしれません。こうした個人の要望への対応は慎重に行うべきでしょう。教員に配慮した結果、特定の曜限に授業が集中し、学生の履修やほかの教員の授業に影響を及ぼすといった状況は望ましくないからです。

3つ目は、学生に関連することです。特に、すべての学生が必修科目を履修するのに支障がないか気をつけるようにしましょう。同じ曜限に同じ年次の必修科目が重なっていないかを確認するのはもちろんですが、再履修や留年、**休学***から復学の状態にある学生にも配慮が必要です。たとえば、3年次の必修科目と4年次の必修科目を同一曜限に開講した場合、前者が不可になった時点で留年が確定してしまいかねません。このような事態が意図せず発生していないかの点検は欠かせません。逆に、意図的にこのような仕組みを設けることもあります。その場合は、学生に適切に周知されているかを確認しましょう。教員免許など、資格取得と関係する科目が必修科目と同一曜限になり、資格取得が困難になるのもこれに類した事例でしょう。また、カリキュラム改訂前に入学した旧カリキュラムが適用される一部の学生についても、授業科目の読み替え対応表を作成するなど、安心して履修できるように配慮しましょう。

このような注意点については、複数名で確認するようにしましょう。もちろん、教員への確認も併せて行うようにします。時間割編成において考慮する要素は非常に多く、また、特定の学部あるいは学年特有のルールもあり、個人では見落としてしまう点が生じやすいためです。表計算ソフトなどを活用してエラーチェックできる仕組みを設けている大学もあります。

⑵　カリキュラムの意図を教員に伝える

カリキュラムの意図について授業を担当する教員が理解することが重要です。カリキュラムに対する理解が不足していれば、授業が大学の教育目標にそったものとならず、学生が目標を達成することが難しくなってしまいます。カリキュラムの全体における個々の授業の位置づけを理解できるようにしましょう。

特に、シラバス作成のタイミングで教員に意識づける工夫ができるとよいでしょう。シラバスにおいて、その授業がディプロマ・ポリシーに定められた教育目標とどのように関連するのかを明示するとよいでしょう。この取り組みは、教員にとっても自分の授業のカリキュラムにおける位置づけを考える機会になります。また、シラバス作成のガイドの配付やシラバスチェックの仕組みを通じて、カリキュラムにそった授業にすることができるでしょう。

⑶　学生に望ましい履修を促す

学生がカリキュラムの意図を知ることも重要です。ある程度の働きかけがないままだと、**単位***を修得しやすい授業ばかり履修するということになるおそれがあるからです。

カリキュラムの意図はまず、入学時に学生に丁寧に説明するべきです。入学直後のオリエンテーションなどで、入学から卒業までのカリキュラムがどのような流れで構成されていて、それぞれの時期にどのような学習が期待されているかを説明しましょう。進級に要件がある場合はそれについて触れることも大切です。

入学時点で説明するだけでは不十分な場合もあります。カリキュラムの意図は、学生が学んでいく過程において理解が深められていくという側面もあります。それゆえ、2年次以降に実施されるガイダンスにおいて、カリキュラムの全体像について再確認することや、個々の授業において、担当教員がその授業のカリキュラム上の位置づけを説明することも必要でしょう。

なお、カリキュラムの意図を学生に伝えるうえで具体的な履修モデルを提示することは有効な方法です。多くの学生の考える**キャリア***や専門分野に応じたいくつかのモデルを示すことで、学生が具体的なイメージをもつことができるはずです。

第3章　履修指導

1　履修指導の意義を理解する

(1)　学生の履修を支援する

学生が授業を履修するためには履修登録が必要です。4月や10月といった学期が始まる時期に履修登録は行われます。**カリキュラム***や所属学部・学科の履修条件などを正しく理解したうえで、学生は興味関心、将来の目標、取得したい資格などにそって履修計画を立てて登録を行います。履修登録の際には、どのように授業科目を選択し登録したらよいか迷う学生がいます。そのため、履修登録にかかわる指導や相談に携わり、学生の学習を支援する履修指導が必要です。

万一、履修に関することで間違った内容を伝えてしまうと、学生が卒業できなかったり、学生が希望する資格が取得できなかったりするおそれがあります。学生に対する履修指導は、責任感をもって慎重に進める必要があります。

(2)　学習意欲を高める

現在、大学および短期大学への進学率は5割を超え、**ユニバーサル段階***にあります。この高い進学率を反映して、入学する学生の進学目的や入学前の学習歴も多様になりました。進学動機1つをとっても、将来就きたい職業のためであったり、あるいは興味のある専門分野を学習するためであったりと多様です。また、周りの友人が大学に行くのでなんとなく進学した学生や、卒業後の目標を大学でみつけるために入学してくる学生も存在します。学力についても同様で、学力の差が入学者の間であるのはもちろんのこと、入学後の学習の前提になる内容を高校で履修していないこともあるかもしれません。

大学入学時点で学習を重視した目標をもった学生は、入学後の学習に取り組む態度や学習意欲が大きく低下しないことが明らかにされています（福田他 2013、半澤 2006、三保・清水 2011）。履修指導によって、入学時から学習を重視した目標を学生にもたせ、その後も学習への意欲を継続させるように支援することが期待されています。教職員が履修計画から単位修得までの支援を行うことで、学生の大学への帰属意識とともに学習意欲を高めることができるのです。

(3) 学生生活への適応を促す

大学において学生は授業だけではなく、さまざまな経験を通して学んでいきます。たとえば、クラブ・サークル活動への参加、友人や教職員との交流などです。これらの経験を通して学生は好奇心や向学心を高め、視野を広げていきます。

しかし、すべてが順調に進んでいくとは限りません。就職や進学といった将来の進路や、友人や教員との人間関係に悩む学生もいます。経済的な問題や家庭内での問題を抱えていることもあるでしょう。場合によっては**休学***や退学を考えたり、留年したりすることもあります。そのため、窓口に来た学生の表情や様子をうかがい、学生の抱える問題の背景を理解したうえで、解決策を一緒に考えることが重要になります。

履修指導は、単なる履修に関する支援に終わることなく、このような学生の悩みを共有し、円滑な大学生活に向けて解決の糸口を一緒に探す役割も担っています。

2　履修に必要な情報を学生に伝える

(1)　卒業までの学習をイメージさせる

学生が履修を行う際に必要とする情報は多岐にわたります。基本的な事項だけでも、カリキュラム、**学則***、**単位***などに始まり、履修登録の方法、時間割、オリエンテーションの日程や年間予定、教室の場所や窓口の場所などさまざまです。

履修指導において重要なのは、卒業までの学習の全体像を学生が把握するよう導くことです。大学での学習は高校までの学習と異なります。そのため、学生が正しく理解できるように、説明や配付資料を工夫しましょう。特に入学から卒業までにどのような道筋をたどり、そのつど何を行うのかを図式化すると学生がイメージをもちやすくなるでしょう。**カリキュラムマップ***などを活用して、4年間および学期ごとの履修モデルを図示する方法もあります。どのタイミングで何をしなければならないのか、具体的な手続きを理解するだけでなく、将来の目標や取得したい資格や免許について考える機会にもなります。

(2)　カリキュラムの意図を伝える

学生にとってカリキュラムは、大学でどのような内容を学び、どのような知識や能力を身につけることになるのかを体系的に示したものです。カリキュラムによって、学生は大学が提供する科目とその意義を知ることができます。カリキュラムの理解は、履修計画を立て、履修登録を行う学生にとって欠かすことはできません。

履修指導において、いつどのような授業を履修することができるかを伝えるのは基本ですが、より高い教育効果を生み出すためには、なぜその時期にそのような授業を受けなければならないのかというカリキュラムの意図も明確に伝えなければなりません。

たとえば、専門教育と教養教育を入学から卒業まで並行して履修できる**くさび型カリキュラム***の場合、上級学年において専門科目以外の学習をする意図を伝えるとよいでしょう。カリキュラム上の工夫が教育効果を発揮できるよう、なぜこのようなカリキュラムになっているかを伝えることが望まれます。

また、大学特有の履修にかかわる用語についても丁寧に説明しましょう。**シラバス***、**卒業要件***、**キャップ制***、**GPA***、セメスター制など、教職員が普段使っている用語であっても、学生は初めて耳にするものかもしれません。教職員が自ら正しく理解したうえで学生が理解できるように伝えましょう。

(3) シラバスの活用方法を伝える

学生の科目選択に役立つのがシラバスです。シラバスには、授業の内容や進め方が詳細に記されています。一般的には、授業科目名のほかに、必修と選択の別、単位数、授業担当者、学習目標、成績評価の基準と方法、スケジュール、授業時間外の学習、教科書、参考書などが記されています。

シラバスには、その科目を履修するかどうかを検討するための内容が書かれていることを学生に伝えましょう。シラバスを確認しなかったり、成績評価の情報だけで科目を選択したりする学生もいます。また、ほかの学生と同じ科目を選択したいと考える学生も少なくありません。その結果、思っていた授業とは違う、自分の興味とは異なっていた、資格に必要な科目は別の科目だったという理由によって、途中で履修を取りやめてしまう学生もいます。学生に科目選択の重要性を実感させるために、後で困った学生の事例を具体的に説明するとよいでしょう。

シラバスには、その授業を履修するための条件や望ましい履修の順序についても記載されています。履修に一定の条件をつけることは学習の効果を高めるうえで重要です。**科目ナンバリング***はそうした条件を全学的に統一したルールで表記したものといえるでしょう。科目ナンバリングを採用している場合は、履修する順序を検討する際の参考になることについても併せて説明しましょう。

3　履修指導の体制を充実させる

(1)　履修の手引きを作成する

学生に適切な履修をさせるためには、履修の手引きをわかりやすく作成することが重要です。いつでも参照できる手引きの存在は、学生の履修登録を確実にするだけでなく、円滑な窓口対応にもつながります。すでに多くの大学でとり入れられているように、ウェブサイトに掲載することで、検索が容易になり、学生は利用しやすくなります。

十分な情報が網羅されているのと同じくらいに、わかりやすさも求められます。学則などの表現をそのまま使うのではなく、できるだけ平易な言葉を使ったり、具体的な登録の過程を画像や図で示したりしながら説明するとよいでしょう。また規則などに変更が生じれば、内容を更新することも忘れてはなりません。

手引きについてもう１つ重要なのは、履修登録時に疑問が生じたときの問い合わせ窓口を明記することです。疑問にはさまざまな種類があります。たとえば、履修登録のシステムの使い方や不具合に関する質問、ある科目の履修条件に関する確認、資格にかかわる授業の履修についての問い合わせです。これらに対応する部署が異なっている場合も少なくありません。したがって、よくある疑問について、それがどこの管轄で、どの窓口に問い合わせればよいかを明記しておくとよいでしょう。そのため、履修の手引きの作成にあたっては、学生支援、国際、情報システムなどを担当する部署の確認をとったほうがよいでしょう。よくある問い合わせについては、Q&A としてまとめておくのも１つの方法です。また、複数の部署にまたがっている窓口を特定の場所に一元化し、「学生何でも相談窓口」といった名称で総合窓口を設けている大学もあります。

手引きやマニュアルは、口頭での説明の理解が困難な学生には特に重要です。留学生に向けた外国語版、視覚障害のある学生のための大文字版や点字版など、学生の状況に応じて準備しておくことも検討すべきでしょう。

(2) オリエンテーションやガイダンスを実施する

多くの大学では、履修の手引きのような書面での説明に加えて、オリエンテーションやガイダンスの中で履修指導を行うのが一般的です。履修指導で多くの学生から寄せられる内容について、あらかじめ学生に伝え、学生の疑問や不安を事前に払拭することができます。

新入生を対象にしたオリエンテーションでは、特に丁寧な説明が求められます。大学の中で相談できる相手がいない新入生も少なくないためです。時間や教室を分けてできるだけ少人数で実施する方法や、担当者が一方的に説明するだけでなく、学生がその場で履修登録を進めていく方法もあります。新入生の履修登録で注意すべきは、伝えるべき情報が多くなりすぎてしまうことです。口頭で伝えるべきなのか、配付資料やマニュアルで十分事足りるのかなど、伝えるべき内容と方法を準備段階で精査しておきましょう。また、入学手続き者を対象に、大学に関する情報を**入学前教育***の一環として提供する大学もあります。

２年次以降にもオリエンテーションやガイダンスが必要な場面もあるでしょう。専門教育を受けるために必要な情報や、進級・卒業にかかわる情報などそれぞれの学年に提供すべき情報を伝えましょう。学部・学科単位での実施のほか、講座、研究室、ゼミなどより小さな単位で実施してもよいでしょう。

(3) 履修指導を担当する教員を明確にする

多くの大学で、学生の履修指導を担当する教員を明確にする制度を取り入れています。履修指導を担当する教員には、クラス担任、履修指導教員、アドバイザー、チューターなどの名称が用いられます。初年次の学生のみに担当教員を配置する場合、入学から卒業まで一貫して同じ教員が担当する場合、年次ごとに担任教員を変えていく場合などがあります。

教員による履修指導には専門的な分野や自身の経験から学生に対する助言を行うことができるという利点があります。一方で、履修にかかわるすべての情報を把握しているわけではないので、1人の教員で対応するには限界があります。特に履修登録についてはカリキュラムをはじめとして、自分の授業以外の取り組みに対する理解が求められます。そのため教員向けの相談窓口やマニュアルの整備なども求められます。教員と教務窓口との連携が履修を円滑に支援することにつながります。

(4) 上級生を活用する

オリエンテーションやガイダンスで大学院生を含む上級生が履修指導を担当する大学が増えてきています。ピアサポーター、ピア相談員などと呼ばれ、学生の履修登録や受講に際しての質問に対応しています。留学生に対して言語面での支援をすることもあります。

上級生であれば、自分自身の履修の経験に基づいた支援を提供できます。また、教職員には直接質問しにくいと感じている学生にとって利用しやすいでしょう。こうした後輩学生への支援や指導は、担当した学生自身にとっても意味のある経験になるでしょう。

ただし、支援側の学生の個人的な意見によって下級生を混乱させるような事態は避けなければなりません。学生をスタッフとして活用する場合には、必要な研修や意見交換の場を設けるとよいでしょう。

(5) 学業不振の学生に早期に対応する

在学中に成績が著しく悪くなる学生、大学に来なくなる学生もいます。その状態を放置していると休学や退学につながります。何らかの問題があると想定して、大学として対応する必要があるでしょう。また留年している学生も、再履修により履修計画が複雑になりがちなので、適切なフォローが求められます。

学生が学業不振に陥る要因にはさまざまなものがあります。「勉強方法がわからない」「履修科目に興味が持てない」など学業面に直接かかわるもののほかにも、たとえば、「朝が起きられない」「一人暮らし等で生活リズムがうまくいっていない」といった要因もあり、生活面にまで配慮した支援が求められることもあるでしょう（中本・垂門 2015）。

したがって、学業不振の学生に対する大学の対応は早いほうが望ましいです。たとえば、授業の出席状況、修得単位数、GPA に一定の基準を定めて、その基準に達していない学生本人や学生の家庭へ連絡をする仕組みを取り入れている大学があります。大学によっては学生の出欠についても教務部門が一元的に管理しています。学業不振の学生を早期に発見し、履修指導を担当する教職員とも状況を共有できるようにしましょう。

4　個々の学生に履修指導をする

(1)　個々の学生の相談内容を把握する

個々の学生によって抱える問題は異なるため、個別の履修指導も必要になります。個々の学生対応は、学生が何を相談するために来訪したのかを的確に理解することから始まります。そのために一番大切なのは、誠実な態度で学生の話を聴くことです。

学生にとって、教務課や学生課などを訪れて質問や相談をするのは、心理的にハードルが高い行為です。また、何が問題なのかをはっきりと理解しないまま訪れる学生もいます。初めて相談に来た学生は、緊張している場合もあるので、様子に配慮しながら、世間話など気軽な話題からはじめて徐々に信頼関係を築くとよいでしょう。

履修登録の方法についての質問だけでなく、授業や卒業研究にかかわる修学上の相談、学習全般や学生生活に関する困ったことといった幅広い相談が寄せられるでしょう。学生の相談内容やニーズを把握したうえで、それぞれの状況にあった情報やアドバイスを提供しましょう。

また、学生との相談内容を記録しておくことも忘れないようにしましょう。相談内容を共有することで、対応者が変わっても一貫した支援を提供することができます。

(2) 規則にそって対応する

大学には規則があります。学生からの要望に対しても、規則の範囲内でしか対応することはできません。たとえば、履修の変更が認められない時期であれば、学生の希望があっても変更を認めることは許されません。対応できることとできないことの線引きは、学内規則に基づいて行います。

個人情報*の取り扱いについても、規則を理解したうえで十分に配慮することが求められます。カウンターで学生対応をしているうちに、学習に関する悩みを聞くこともあるでしょう。また、学習上の相談だと考えていても、学生との面談中に生活上の問題や個人的な悩みを打ち明けられるかもしれません。学生から聞いた家庭事情や人間関係などの情報の扱いには特に留意しなければなりません。

(3) 同時に複数の学生に対応する

同時に複数の学生に履修指導をするという方法をとることもできます。グループ対応は、個別対応では緊張するけれども情報を入手したい学生

コラム　学習支援の改善を考えてみませんか

学習支援は学生にとって、どの程度役立っているのでしょうか。役立っていないとは思わないけれど、どの程度なのかと聞かれると、即答できる人はほとんどいません。

可視化が難しい分野だからこそ、評価を導入してみてはいかがでしょうか。学生や担当者に対しての支援について評価を実施し、その結果を支援の改善に活用している国もあります。

アメリカの大学にはアカデミック・アドバイジングという支援があります。アカデミック・アドバイジングは、学生の大学での学習、将来の目標設定とその達成にかかわる支援です。日本でいう学習相談や履修指導にあたります。その方法は主に面談によるものです。アカデミック・アドバイジングにとって、支援方法の改善や効果的な実践のために評価は重要だと考えられています（King & Kerr 2004）。対応日時、担当したアドバイザー名、面談手段（予約／予約なし）、利用目的の達成、利用後の満足度について尋ねるアンケートを実施し、学生は担当者の対応や支援内容に対する率直な意見を記入します。想定される利用目的、担当アドバイザー名、対応方法、満足度は、あらかじめ選択肢を設定しておくとよいでしょう。回答者の負担が緩和され、回収率も上がるかもしれません。また、アドバイザーが自身の対応について、自己評価をしている大学もあります。これらの集計結果から、学生の利用目的や利用頻度の把握、アドバイザーの対応、プログラムの課題やニーズを明らかにし、改善の検討ができます。また、現行の支援の優れた点についても把握できるため、よりよい支援の提供を継続できます。結果として、学生の求めに応じたアカデミック・アドバイジングの計画を立てることが可能となるのです。

日本においても、学習支援センターや教務課では利用者の対応記録をとっていることがあります。この記録を単なる記録に終わらせることなく、よりよい支援の提供のために活用してみてはどうでしょうか。アンケートを作成する前に、まずは記録する項目や内容を改善することからはじめてみましょう。

に有効です。学生にとっては授業に似た印象を与え、比較的受け入れやすい方法といえるでしょう。また、参加者が同じ課題を共有し、支援しあえることも利点といえます。履修指導をする側としても、効率的な方法といえます（King 2008）。

アメリカでは、グループ対応の履修指導を段階的に実施している大学もあります。最初は多人数の学生を対象とした履修にかかわる全体説明を実施し、２度目は少人数のグループを対象とした学習上の目標を設定するための説明会を実施するという方法です。

グループ対応では、ほかの学生と一緒に説明を受けることができるため、１人ではないという安心感が生まれます。学生にとっては、目標を自分で設定し、達成するためにどのような行動を起こせばよいのかを理解するきっかけになるかもしれません。また、成績が優秀な学生を集めてグループ対応をすることも有効です。自分と同じレベルの学生と一緒に授業や今後の学習計画について話す機会を提供することによって、学生の学習に対する意欲を高めることが期待できます。

第4章　単位認定

1　単位制度を理解する

(1)　単位は学習時間から換算される

学生がどの授業科目を履修するか検討する際に、どれだけの学習が必要かを想定しなければ、寝る暇もないといった無理な履修計画になってしまう可能性があります。そこで、大学では**単位***という考え方を導入して、これから学習する学生に対して、それぞれの授業科目についておおよそどの程度の時間がかかるかをあらかじめ示すようにしています。ここでの時間は授業時間だけでなく、予習や復習に要する時間も含まれます。日本では、**大学設置基準***の第 21 条において、「一単位の授業科目を四十五時間の学修を必要とする内容をもつて構成することを標準」とすることが定められています。

(2)　単位制度はアメリカで始まった

学習時間の目安として用いる**単位制度***は、1869 年にアメリカのハーバード大学で授業科目の選択制が導入されたのをきっかけに考え出され、1900 年頃にカーネギー財団が積極的に推進したといわれています（ロスブラット 1999）。当初は大学入学資格の目安などに用いられていましたが、その後大学の大衆化の過程において、学生の授業科目選択の幅を拡大する制度として広く利用されるようになりました。学習内容によらず学習時間を基準としたことから、通用性が高く世界各国の大学にも展開するようになりました。

日本では一部の大学が戦前から単位制度を採用していましたが、本格的な導入は、1947 年に新制大学が発足したときでした（清水 1992）。単位制度の導入は、**一般教育***の導入とともに戦前の大学からの大きな変更の１つとしてあげられます。ただし、医学部や歯学部は当初、専門教育においては単位制度を採用せず**学年制***をとっていました。1991 年の**大学設置基準の大綱化***で単位制度の弾力化が図られたのを機に、これらの分野の教育課程でも単位制度がとり入れられるようになりました。

(3) 単位制度の特徴を理解する

単位制度の特徴を理解するには、それ以外の制度と比較するとよいでしょう。単位制度は学年制と対比することができます。学年制と対比するときには、単位制度と呼ばずに単位制という用語を使用することが多いです。

学年制では、学習内容が各学年で厳密に定められており、学生はそれらを履修しながら学年を上がっていきます。この制度によって学習内容を体系的かつ確実に学習できます。一方、授業科目を単位と呼ばれる学習時間数に区分して進められるのが単位制です。科目選択の幅が多い場合に適しており、各自の関心に応じて学習を進めることができます。

日本の教育制度の中では、小学校や中学校が学年制で、高校や大学が単位制です。厳密な単位制であれば、進級や最終学年以外での留年といった概念はなくなりますが、多くの大学は進級要件を定めていることから、学年制が一部併用されていると考えることができるでしょう。

(4) 単位制度は課題も抱えている

単位制度は世界中の大学で使用されている制度ですが、課題もあります。課題が認識されつつも単位制度に代わる有効な方法や制度がいまだ考案されていないため、現在も世界中の大学が使用しているのが実状といえるでしょう。

単位制度のもつ課題はいくつかあります。まず、単位制度では学生の学習そのものよりも、学習時間の量が強調される傾向があります。そして、学生の履修の選択肢が多くなるため、**カリキュラム***の体系性がとりにくくなることがあります。学生に幅広い履修の方法を認めつつ、**ディプロマ・ポリシー***などに示した学習成果を達成するようなカリキュラムを設計することに一層の工夫が求められているともいえます。

加えて、**単位制度の実質化***という課題もあります。単位制度は授業と授業時間外の学習時間の存在を前提に組み立てられていますが、多くの学生の学習時間がその基準に達していない現状が各種調査から明らかになっています。単位制度の実質化とは、学習時間の増加を図り、単位制度をより機能させるねらいがあります。この対応として大学設置基準では、1年間または1学期間に履修登録できる単位数に上限を設けるように求めています。このように上限を設定することを**キャップ制***といいます。

授業に要する学習時間が確保されていない場合は、他大学においてその単位が認められないかもしれません。たとえば、日本の大学で認定された単位が海外の大学で認定されないという事態もありえます。授業時間外学習の時間の増加、**シラバス***の内容の充実や英語化などを通じて、単位の国際通用性を高める取り組みが望まれます。

2　単位を認定する

(1)　単位は大学が認定する

学生が単位を修得するのはほとんどの場合、授業の履修を通してでしょう。大学設置基準第 27 条においても、単位とは、授業科目を履修した学生に対して大学が試験のうえで**単位認定***することになっています。ただし、卒業論文、卒業研究、卒業制作のような試験ではなく学習の成果を評価することが適切と認められる場合は、大学がその方法をあらかじめ定めたうえで、単位を与えることができます。いずれの場合においても、授業時間外の学習まで含めた成果を、あらかじめ学生に提示した方法で客観的に評価し、単位を認定することが求められています。

(2) 授業科目の単位を設定する

単位制度はまずそれぞれの授業科目に単位数を設定することからはじまります。学習内容や講義、演習、実習など授業形態に応じて科目ごとに設定するのが基本です。ただし、1回の授業の中で多様な授業形態を組み合わせた授業科目や、日によっては講義だけ、別の日には**フィールドワーク***といった授業科目、さらには週に複数回開講する授業科目など、授業形態は多様化しています。そのため、大学設置基準は大学自らの判断で授業科目の単位数を設定することを認めています。

それぞれの授業科目を何単位にするかは、授業形態ごとに大学設置基準が定める表 4-1 のような目安に基づいて大学が設定しています。

同じ科目、同じ授業回数であるにもかかわらず単位数が異なる場合もあります。たとえば、体育（実技含む）を例にあげると、2単位の授業科目では、実技で計測したデータを分析するといったやや難易度が高い

表 4-1　大学設置基準第 21 条が示す単位数の目安

授業形態		1単位の目安
講義及び演習		授業時間が、15 時間から 30 時間の間で、大学の定める時間数
実験、実習及び実技		授業時間が、30 時間から 45 時間の間で、大学の定める時間数
	ただし、芸術等の分野における個人指導による実技	授業時間が、大学の定める時間数
講義、演習、実験、実習または実技のうち、2つ以上の方法を併用		上記の基準を考慮して、大学が定める
卒業論文、卒業研究、卒業制作等の成果を評価して単位を授与する		必要な学習等を考慮して、大学が定める

出所　筆者作成

課題などを課し、1単位の授業科目では、実技のルールや結果の振り返りを課すという方法があります。大学設置基準が求めているのは、語学や体育は1単位で座学が2単位という紋切り型の単位設定ではなく、それぞれの授業科目の修得に必要な学習時間で単位を設定することなのです。

インターネットなどによるメディアを介した授業だけで開講する授業科目においても単位を認定することができます。単に動画教材を見たり課題を行ったりするだけでなく、教員との双方向的なやり取りを行うことで、教室での対面授業と同等にみなすのです。ただし、現時点ではカリキュラム上でこのようなメディアを利用した授業科目の単位に関しては、60単位を超えて認定をすることができません。

(3) 授業実施の体制を整備する

単位を実質化するためには、まずは授業が確実に行われ、学生がそれを受講していることが出発点です。効果的な学習活動を促進するために、3分の2以上の出席など、大学として単位を認定する前提となる基準が定められていることが一般的です。出欠管理そのものは授業を担当する教員によって行われるものですが、その確実な管理のために大学職員も各科目の受講生一覧の作成などの支援を求められる場合もあります。また、遅刻や早退についても担当教員の裁量にすべてゆだねるのではなく、大学としての一定の方針があるとよいでしょう。

授業時間の確保のためには休講や補講の体制の整備も必要です。特に補講の設定は、ほかの授業との時間の重複を可能な限り避けなければならないため、それぞれの補講について時間割を確認する必要があります。時間が重複しているかどうかを確認するシステムを運用する大学もあります。補講期間を別途設定するのも有効な方法ですが、試験など成績評価を行うスケジュールとの兼ね合いには留意する必要があるでしょう。

(4) 試験の実施を支える

学期内で行われるものから期末の定期試験など、多くの授業科目で試験による評価が行われます。特に期末試験は、多くの科目で成績評価と単位認定にかかわっています。多くの授業で一時期に集中して実施されることから、大学職員による組織的な支援が不可欠になっています。

定期試験の実施にあたっては、試験問題の印刷などの準備、教室の割り当て、答案用紙の管理、追試験や再試験の設定などが、大学職員の主たる業務です。通常の授業実施と異なる点が多いため、授業担当教員との連携が欠かせません。

試験の実施において特に注意すべきは不正行為の扱いです。不正行為を容認することは決して許されません。多くの大学で厳しい処分が定められていますが、試験に先立って学生に徹底して周知する必要があります。まずは授業担当教員から伝えるのが基本になりますが、教室内での掲示によって知らせるなどの方法もとれるでしょう。また、**ティーチングアシスタント***を試験監督補助者とすることや、授業担当教員以外の教員が試験監督を行うなど、不正が起きにくい環境を整備することも考えられます。この場合、単純に人を配置すればよいのではなく、試験監督のマニュアルなどを整備することが必要です。残念ながら不正行為が起きることもあるので、その対応方法についてガイドラインを定めておく必要もあるでしょう。

(5) 成績に基づいて単位認定する

試験やレポートなどの評価によって、各教員は成績をつけ、この成績に応じて単位の認定が決まります。単位認定にかかわる評価は原則として**絶対評価***で行われ、基準に達した学生には単位が与えられることになります。大学設置基準では、成績評価の客観性と厳格性を確保するため、学生に対してその基準をあらかじめ明示するとともに、その基準にしたがって適切に行うものとされています。

評価にはそれぞれの学生がどれだけその内容を理解したのかという側面を明示する必要があるため、単位認定と同時に成績の表示も行われます。表示方法はS、A、B、Cなどの記号によるものや、教員が入力した点数を示す大学もあります。またこうした段階的な評価にそぐわない授業科目については合格・不合格として単位認定の可否のみを示す方法もとれます。また、学生の履修してきた授業科目の成績をGPA*として数値化し、学生の学習状況を可視化したり、進級などの基準を明確化したりすることができます。

成績や単位認定は通知書の配付やウェブサイト上での連絡などの方法で学生本人に連絡することが一般的です。学生の親や保証人への成績の連絡を行うことも連携をとるために検討できるかもしれません。

成績評価に疑義をもつ学生への対応も必要です。成績評価に関する申し立ての方法と窓口を併せて示しておきましょう。教職員の過失もありえるため、申し立てがあった場合は、丁寧に対応することをこころがけましょう。

3　単位制度を広く活用する

(1)　単位認定できる学習を理解する

所属する大学以外の学習を認定することができることは、学習時間に着目した単位制度の長所といえます。大学設置基準では、所属する大学で開講している授業科目以外の学習も、大学の判断によって60単位を超えない範囲で単位認定できます。具体的には、他大学などの授業科目で修得した単位や、文部科学大臣があらかじめ指定した条件を満たした学習の成果など、学生の学習の成果を幅広く単位認定できるようになっています。他大学などの授業科目を単位認定するときは、成績も含めて単位認定する場合と、単位数だけを認定する場合があります。

なお資格試験の結果などを単位認定する場合は、「大学設置基準第二十九条第一項の規定により、大学が単位を与えることのできる学修を定める件（文部省告示第六十八号）」に単位認定の考え方が示されています。

(2) 入学前の学習を単位認定する

学生が入学前に他大学などの授業科目で修得した単位や、文部科学大臣があらかじめ指定した条件を満たした学習の成果なども単位認定することができます。この場合の単位認定の上限の考え方は、1年次に入学する場合と3年次などに編入する場合で異なります。

1年次に入学する際の単位認定は、60単位を超えない範囲で大学の判断によって認定が可能です。なお、入学時点での単位と入学後の所属大学以外での単位は、合計で60単位を超えることができないので注意が必要です。

3年次などに編入する際の単位認定は、編入時点で必要とされる単位数がそれぞれ異なるため、上限が定められていません。たとえば2年次修了判定で65単位を課している学科に編入学するのであれば、最低でも65単位を認定しなければ3年次として認めることができません。とはいえ、3年次編入時点で100単位を認定するのは適切とはいえません。上限がないからといって、無制限に単位認定するのではなく、**カリキュラム・ポリシー***やディプロマ・ポリシーと照らし合わせて、必要な単位は認定し、所属する大学で学ぶべき授業科目は入学後に履修できるような制度が必要です。

入学前の学習を単位認定できることを活用した取り組みもあります。入学前に**科目等履修生***として修得した単位は、**正規学生***として入学した際に、**卒業要件***の単位として認定することが可能です。また、一定の条件を満たせば、大学が定める期間を**修業年限***に通算することが可能です。この制度を利用して、まず科目等履修生として単位を修得してから、その後に大学に入学するということができます。これを社会人向け大学院における学生募集で活用している例があります。また、科目等履修生には法令上年齢制限がないため、高校生が科目等履修生となれば、大学の授業科目の単位を高校在学中に修得することも制度上可能です。

(3) 単位互換制度を活用する

他大学での学習について、自大学で単位認定できる制度を**単位互換制度***といいます。2機関の大学間や3機関以上の大学で形成された**コンソーシアム***で、学生が授業科目を履修できる制度です。また海外の大学とこの制度を運用することで、学生が留学しながら卒業要件の単位を修得することが可能になり、修業年限で卒業することも可能になります。

ただし、この制度を運用するうえで考えておかなければならないことがあります。大学設置基準の大綱化以前は、どの大学でも授業科目名やその配当年次が似ていました。そのため、「一般教養科目の座学14単位を一括認定」といった機械的な単位互換の認定でもあまり問題はありませんでした。しかし、**学位***やカリキュラムが多様化し、留学があたりまえの時代になってきた現在、授業科目名だけで単位認定するのは適切とはいえません。シラバスに記された内容や水準を確認するなどの作業が必要になります。文部科学省から2019年に発出された高等教育局長通知「単位互換制度の運用に係る基本的な考え方」により、単位互換制度のもとで他大学の授業科目を単位認定する際のガイドラインが示されています（表4-2）。

表4-2 単位互換制度の運用に係る基本的な考え方

<table>
<tr><td>必修科目</td><td>他大学の授業科目と自大学の授業科目の間に、内容・水準等について1対1の対応関係にある場合に限り認定できる</td></tr>
<tr><td>選択科目（特定の科目から選んで修得することが義務づけられている）</td><td rowspan="2">自大学の選択科目の特定の科目群の範囲内とみなせる程度の同等性がある場合には、内容・水準等について1対1の対応関係がなくても認定できる</td></tr>
<tr><td>自由科目のうち、卒業要件として必要とされる科目</td></tr>
<tr><td>卒業要件に必要ではない授業科目</td><td>自大学との授業科目と内容・水準について1対1の対応関係がなくても認定できる</td></tr>
</table>

出所 文部科学省（2019）より筆者作成

⑷ 留学先での学習を単位認定する

留学先から帰国した学生が、海外で履修した授業科目での単位を所属する大学での単位に含める場合もあります。ただし、このときには注意が必要です。というのも、日本では45時間の学習を1単位としていますが、これは世界共通ではなく国や大学によってさまざまだからです。

留学先の大学における学習を帰国後に単位認定する場合、留学先の大学ではどのような基準で単位を設定しているかを確認しなければなりません。その際に、何分の講義を1時間の授業時間として扱っているかにも留意することが大切です。たとえば、アメリカの場合、およそ50分の講義を授業時間1時間分とみなして単位が設定されています。

⑸ 資格取得の学習を取り入れる

単位制度は大学のカリキュラムにさまざまな学習を取り入れることができます。その主たる例は、学生の資格取得にかかわるものです。**教職課程***を例にあげると、大学を卒業するための履修の規則とは別に、教員免許状を取得するための規則が存在します。たとえば、教職課程の課程認定を受けている数学科を卒業したけれども、教員免許状を取得するための規則にそった履修をしなかったために教員免許状を取得できなかったという事例は後を絶ちません。学芸員や司書など資格ごとに規則は異なるため、根拠となる法令などを熟知しておかなければなりません。

また、卒業生が資格を取得するために、在学時に履修した授業科目名

コラム　仕事に必要な知識はインプットしよう

前任者の作成した資料を正しいものと信じて業務の引継ぎが続いていくと、法規や制度の改正に追いつかない状況が生じるでしょう。その結果、場合によっては法令違反の状態になっている学内ルールが散見されることも少なくありません。教職課程のように、学生の職業選択に影響のある事務などでは特に気をつけましょう。担当職員が気づきませんでした、制度や法規を理解していませんでした程度の謝罪では通用しません。

たとえば、「単位認定」といった言葉は誰もが学生時代に触れたことがあるため、自身の経験をベースとして仕事を理解してしまいがちです。何もかも初めて聞く言葉ばかりの仕事であれば、その言葉の意味を理解することから始めなければならないため、基礎からしっかり勉強するでしょう。そういう意味では、大学の仕事には、基礎から勉強するきっかけが乏しいかもしれません。

大学職員の学びの環境は整いつつありますが、それを個人の興味・関心に任せてしまっていては、いつまでたっても事務室総体としての力量は上がりません。たとえば、事務室において、「制度や法規の理解」といったタイトルで先輩職員が異動してきた転入職員に教える研修会を毎年度開催するのはどうでしょう。職場の中で能力開発が促進していく機会を設けることが必要です。

での単位修得証明書を求める場合もあります。その場合、新カリキュラムを導入したとしても、卒業生のために旧カリキュラムに関する基礎的な資料をもとに証明書を発行する必要があります。

(6) 履修証明プログラムを活用する

社会人の**リカレント教育***が期待されている一方で、現行の多くの制度は正規の学生向けであるため、授業科目の曜日や時間帯などが必ずしも社会人向けになっているとはいえません。また、すべての授業科目を科目等履修生などに開放している大学は少なく、ほとんどの大学は一部の授業科目のみの開放にとどまっています。

このような課題を踏まえて、2007 年度から**履修証明プログラム***といわれるまとまりのあるプログラムを開設し、その修了者に対して**学校**

教育法*に基づく履修証明書を交付できる制度が開始されました。履修証明プログラムを各種資格の取得と結びつけるなど、目的・内容に応じて職能団体などと連携する取り組みも期待されています。この履修証明プログラムのうち一定の条件を満たした講座については、修了後に単位を認定することもできます。これにより、まずは履修証明プログラムで学習し、自信や余裕が出てきたら、正規学生として学習するという学び直しの新しい流れができたといえます。

第5章　学籍管理と卒業認定

1　学籍管理を正しく理解する

(1)　学籍とは何かを理解する

大学における学籍とは、大学の学生であることを示す籍です。学籍は入学によって生じ、身分など各種証明の原本となるものであり、大学教育を運営するうえで重要な基本情報です。

このように重要な役割をもっていますが、学籍という用語はややとらえにくいかもしれません。学籍を記載した書類を綴ったものを**学籍簿***と呼びますが、そもそも学籍簿に記載すべき事項が法令で厳密に定められているわけではありません。たとえば、学校教育法施行規則第28条では「学校において備えなければならない表簿」が定められており、この中の**指導要録***もしくはその一部を多くの大学では学籍簿と称して作成し管理しているのが実態といえます。

一般的に、学籍の内容として記録されるのは、氏名、生年月日、性別、学部、学科、学籍番号、入学・卒業年月日、在学中の**異動***、本人写真、本籍地、現住所、出身校などとその卒業年月日、保証人氏名とその住所などです。

(2)　誤解が不適切な対応を生む

法令によって明確に定められていない学籍という概念が大学の実務に広く根づいているため、さまざまな運用ルールが大学のあちこちに存在します。その結果、大学事務室では、以下に示すような不適切な対応をしてしまう場面も散見されます。

在学中に死亡した学生の手続きにその学生の母が大学の窓口を訪れた際、窓口対応をした事務職員から「除籍」という言葉を告げられました。母は「息子が大学に在籍していたという事実がなくなってしまうことか」と聞いたところ、事務職員は「文字のとおり、お子さんの学籍が除去されます」と説明しました。

この対応には問題点があるといえます。それは「学籍が除去される」という説明は誤りということです。在学中に死亡して卒業できなかったとしても、その大学に在籍していたという事実に変わりはありませんし、それまでに修得した**単位***が失われるわけでもありません。しかし、ここで難しいのは「除籍」という言葉が法令に定められているものではなく、各大学が便宜上使っている用語であることです。除籍という言葉を使わない大学も存在します。したがって、この事例の大学職員の場合は、「除籍」という用語について、あくまで大学が手続きのために便宜上使っているものであると認識し、この場面で冷たい印象を与えるこの用語を使用することがふさわしくないと思いいたることが求められていたのかもしれません。

また、学籍をめぐる誤解の代表例として二重学籍があります。単純にいうと、2つの大学で学生の身分を得てはいけないという考え方ですが、これは法令で禁止されているわけではありません。それどころか、2つの大学に在籍し、それぞれの大学から**学位***を授与される**ダブルディグリー***という制度も存在します。

(3) 学籍管理の基本を理解する

学生の**個人情報***にかかわるため、学籍の扱いに万全の注意を払うのは当然ですが、それ以外にも留意すべきことがあります。

学籍簿に記載している情報に変更が生じた際には訂正しなければなりませんが、内容によって取り扱い方が異なります。たとえば、学生本人の住所、保証人にかかわる情報の修正は本人からの届出によって変更できますが、本人にかかわることであっても**休学***や退学などの在籍にかかわる内容は、**学校教育法***により**学長***の決定がなければ変更できません。学籍に記載する年月日も原則的には学長の定めた日です。授業料納付や**単位認定***などは在学時の重要な事柄にかかわってくるため、年月日の確認を慎重に行う必要があります。

また、学校教育法施行規則第 28 条によって、学籍簿は 20 年間保管することが義務づけられています。しかし実際は 20 年経過しても廃棄できるものではなく、多くの大学で、卒業生の大学での単位修得状況や成績評価を証明するために永年保管されています。

2　学籍を管理する

(1)　入学の手続きを行う

学生の学籍にかかわる最初の業務は入学の手続きです。この手続きによって、学生はその大学での学籍を得ます。学生と大学の間で在学契約を結ぶことが入学といえるでしょう。入学の決定は、学部の**教授会***の意見をもとに学長が行うものとして、学校教育法第 93 条で定められています。

入学は原則として、入学金など**納付金***の納入、誓約書や出身校の**卒業証明書***、そのほか必要書類の提出といった手続きを踏んで行われます。この過程で、不正や書類の虚偽などが発覚した場合には大学の意思で入学を拒否できます。

(2)　学生の異動に対応する

在学中の学籍管理で重要なのが学生の異動への対応です。異動には、休学、復学、留学、転学、退学、除籍、復籍などが含まれます。異動は、授業料や単位の取り扱いをはじめ大学のさまざまな事項と連動するため、手続きについて大学で詳細に定める必要があります。異動に必要な書類を定めるだけでなく、書類に記載される日付など、学籍と矛盾が生じないような仕組みを整備しなくてはなりません。

ここで注意しないといけないのは、異動が学籍上のものであるということです。たとえば留学をする予定の学生が異動を申し出たとしましょう。海外の大学との**単位互換制度***を利用した留学であれば、この学生は学籍上在学となります。一方、大学を休学して海外の大学へ行く場合は、学籍上は休学となります。このように同じように見える学生の行動でも、学籍においては異なる場合があります。学生とコミュニケーションを密にして、相互に間違いのないように注意しなければなりません。

また、休学や退学などの異動を申請する学生の中には、心身の問題を抱えている例もあります。学生の人生にかかわる場合は、学生の状況や立場を考えながら丁寧な対応をとるようにしましょう。場合によってはカウンセラーなどの専門家との連携も検討するべきでしょう。

(3) 学籍にかかわる問題に対処する

在学中に学籍にかかわる問題が生じるかもしれません。そのときの対応の方法についても知っておく必要があります。ただし、実際は突発的な対応が求められる場合もあるので、関係部署と連携して問題に対応するようにしましょう。

この問題の最たるものが、授業料をはじめとした学納金の未納にかかわるものです。一般的に滞納している場合には納付期限を明確にし、期限内の納付がなければ除籍という対応が検討されます。ただし、当該学生の家計負担者の経済的逼迫や自然災害などによって、一時的に納付が困難な場合があるかもしれません。状況に応じて学生と納付について話し合うことも検討しましょう。ほかにも、休学・復学期間の授業料の扱いなどは問い合わせが多いため、正確な説明ができるようにしましょう。

表 5-1　退学の種類と根拠

退学の種類		用語例	根拠
本人の意思による退学		自主退学	学校教育法施行規則第 4 条により学則に定める
本人の意思にかかわらない強制的な退学	懲戒処分としての退学	懲戒退学	学校教育法第 11 条 同法施行規則第 26 条
	懲戒処分でない退学	除籍と称する大学が多い	大学が自ら根拠を定める必要がある

出所　中井・上西編（2012)、p. 39 より筆者作成

学納金未納による除籍の事後についても考慮すべきことはあります。未納期間に履修していた授業科目の単位の扱いをどうするのか、また、未納分の学費を納めなおすと再度入学を認めるのかなどをあらかじめ定めておくだけでなく、学生や保証人にわかりやすく周知する必要があります。

重大な犯罪行為などを理由に、大学が学生に在学を拒否する事態もありえます。懲戒退学と呼ぶほかにも、除籍という言葉が懲戒の意味で使われる場合もあります。これらの用語の指す意味は大学によって異なります。表 5-1 では退学も含め、こうした用語の意味について整理しています。特に除籍についてはこの用語自体に法的根拠がなく、各大学の定めによるため、用語の使い方について確認しておくとよいでしょう。

(4)　非正規学生の学籍を管理する

入学試験に合格し、学位取得に必要な単位を修得して卒業・修了を目指す学生を、大学では**正規学生***と称します。一方で、特定の授業科目を履修したり、研究指導を受けるために大学に通ったりする学生を、**非正規学生***と称します。**科目等履修生***、聴講生、研究生などの名称で大学は非正規学生を受け入れます。科目等履修生は**大学設置基準***の第 31 条において規定されています。非正規学生の取り扱いは、受け入れに必要な事項を**学則***で規定するのが一般的です。国が大学に求める教員数や施設環境の最低条件は、基本的に正規学生の人数を基

準に定められています。そのため、学部を設置するといった国への手続きにおいて、正規学生と非正規学生を区別して管理する必要があります。

非正規学生について厳密な意味での学籍は求められませんが、大学は適切に管理を行う必要があります。非正規学生であっても大学に通う目的に応じて、教育研究の指導や図書館をはじめとした学習環境を提供しなければならないからです。また、科目等履修生として修得した単位の証明も求められます。

3　卒業判定と学位授与を行う

(1)　学位について理解する

学生が大学を卒業すると卒業年月日が学籍に記録されます。大学を卒業したという事実は、卒業者のその後の**キャリア***にとって重要な意味をもちます。

大学を卒業した者には**学士***の学位が授与されます。まずは、学位とはどのようなものかを理解しておきましょう。学位は、中世ヨーロッパに大学が成立して以来の制度であり、大学の根幹に深くかかわっています。歴史的には教員集団に入る資格を得た学生に与えられるものでしたが、大学の近代化などによって、学位は大学卒業時における能力を広く証明するものへと変化してきました。

現在の日本の学位については、学校教育法第 104 条と**学位規則***によって規定されています。日本で学位を授与できるのは、学校教育法第１条に定める大学と**大学改革支援・学位授与機構***だけです。教育段階に応じた学士、**修士***、**博士***のほかに、専門職学位や短期大学士など教育機関の多様化に応じてさまざまな学位が定められます。一方で学位に付記する専攻分野についての定めは事実上なく、非常に多くの名称が見られます。

法律家や医師などの**専門職***では、一般的に、学位を取得することが職業資格を得るための要件の１つとなります。そのほかの学位であっても、就職活動時やより高い教育を受ける際に学位が資格として機能することがあります。

(2) 卒業の要件を理解する

大学は、学生が卒業するために「大学の一定の教育課程を修了するために必要と定められた期間」と「修得すべき単位数」を要件として定めており、これらを併せて一般に**卒業要件***といいます。学校教育法第87条において大学の**修業年限***は4年と定められ、大学設置基準第32条において4年以上の在学と124単位以上の単位修得が卒業要件とされています。

卒業に必要な必修科目や選択科目が細かく定められている大学や学部が多く、修得すべき単位数を単純に合計しただけでは卒業できるか否か判定することはできません。誤った履修指導によって、卒業判定の際に要件に満たないという事例はしばしば起こるので、卒業要件を正しく理解するとともに、学生にもわかりやすく伝えることが必要です。

(3) 修業年限と在学期間を理解する

学生が大学で過ごす時間を表す言葉として修業年限と**在学期間***があります。修業年限とは、学位を取得するために定められた教育の期間であり、卒業要件の１つです。大学で学習している期間を在学といい、休学や停学の状態と区別して使われます。厳密に運用すると、1日でも休学や停学をしてしまえば、修業年限を満たさなくなるため、大学を4年で卒業できなくなるでしょう。ただし、身分異動に関する事項は法令で学長が決定することになっているため、たとえば「3カ月未満の停学は、その後の学生の更生の度合いによって、停学期間も修業年限に含めることを認める」といった対応をしている場合もあります。なお、大学院の課程では、弾力的に運用できるように標準修業年限といいます。

これに対して、在学期間とは大学に在学する期間をいい、その上限は法令で定めてはいません。しかし、大学が公共的な存在であることを考えると、特定の学生が延々と在学していることは望ましいといえません。そこで、多くの大学は在学期間の上限を修業年限の2倍に設定しています。在学期間に休学や停学を含めるか否かも、学長が定めることができます。なお、在学、休学、停学をあわせて在籍期間と称する大学もあります。

(4) 進級の要件に注意する

多くの大学や学部では、進級にあたり要件を設けています。たとえば、理工系の学部で4年次から卒業研究を課す場合、それに必要な最低限の能力を担保するために、履修すべき授業科目や修得単位数を4年次進級の要件としている場合があります。また毎学年の進級に際し、**GPA***などの要件を課している事例も見られます。

このような進級の要件は、休学や退学が生じる原因の1つにもなりえます。最近は、「1年次の外国語の成績が一定の基準より低い場合は、進級判定で引っかかりやすい」といった学生のつまずきやすい原因を**インスティチューショナル・リサーチ***などにより明らかにすることができるようになりました。この分析結果を活用して、休学や退学の未然防止に努めることも、教職員には求められています。

(5) 卒業を判定する

卒業の判定は、入学と同様に教授会の意見に基づき学長によって行われます。教授会での判断に先駆けて、卒業予定者が卒業要件を満たしているかを確認しなければなりません。こうした卒業要件の確認については、卒業前の最後の履修登録の時点で行われるのが望ましいでしょう。合計単位数が足りていても必修の科目群が未履修であるなど、学生本人が気づかない漏れがある場合があります。必要な単位を着実に修得できるように、早期に学生が自ら卒業要件を満たしているか確認する機会をつくるなどの工夫が求められます。

また、大学の卒業判定は、在学期間と修得単位数だけで形式的に判断すべきものではないことを理解しておきましょう。各大学や学部には**ディプロマ・ポリシー***が定められており、卒業時に学生が身につけるべき資質や能力の目標が明確化されています。それらの学習目標を達成しているのかという視点が本質的には重要だといえるでしょう。

4 証明書を発行する

(1) 証明書発行の重要性を理解する

学籍や学習成果に関する証明書を発行することは大学の重要な業務です。在学中の事実を証明する代表的なものには、学生証、在学証明書、在籍証明書、成績証明書があります。個々の学生に発行される学生証はその学生の在学を証明するものとして使用できます。これによって図書館をはじめとした大学施設の利用が可能になるほか、公共交通機関の学生割引や行政サービスを受けられます。また、大学によっては地域の文化教育機関と連携し、学生証を提示した学生に対し入館料を割安にするなどのサービスも行っています。科目等履修生や研究生などの非正規学生にも、学生証に類した身分証明証が発行されることがあります。これは科目等履修生証や研究生証といわれます。また、在学証明書は在学中の学生に対して発行され、在籍証明書は休学や退学した学生に発行されるものです。

成績証明書は、履修登録した授業科目すべての成績を記載したものや、単位を修得した授業科目だけを記載したものなどがあります。最近では、採用時に大学の成績を重視し、成績証明書の提出を求める企業も増加しています。

(2) 学位を証明する意義を考える

学位を授与できることが、大学とほかの教育研究機関との大きな違いです。国や文部科学省は学位を授与できないので、当然証明もできません。学位を証明することは、大学に求められる大きな役割の１つであり特権といえるでしょう。

海外では、その大学で学位を授与された人は一体何ができるのか、どのような能力が身についているのかについての証明が求められることがあります。日本の場合、学位の名称と論文タイトルのみを記載した証明書を発行することが多いですが、たとえば、EU 域内の大学では、**ディプロマ・サプリメント***という身につけた知識や能力などの詳細を記載した証明書を発行します。日本でもディプロマ・サプリメントを導入している大学があります。社会はこれまで以上に大学で身につけた学生の能力を重視してきており、その実態を示すことが学生と大学双方に、望まれているのです。

(3) 卒業生に対して証明書を発行する

大学は卒業生に対して証明書を発行します。たとえば、卒業証明書は転職や大学院の出願などの機会に求められます。大学の証明書は、一般に在籍していた当時の事実を現在の大学が証明するものであるため、通常は記載する氏名は在籍時のものを使用します。ただし、多くの大学では、希望に応じて通称名の使用を許可しています。そのため、卒業証明

コラム　誰もいない森の中では木の倒れる音はするのか？

教室棟のトイレの個室にパンの袋が落ちていることをたびたび目撃したら、何を思いますか。たとえば入学以来ずっと友達ができず、1人で昼食を食べているのを見られたくない学生がいることの合図かもしれません。

大学で働く職員の仕事の役割の1つに、「気づく」ということがあります。そして、その気づきを大学運営に活かすことも職員の役割です。学生はいろいろな表現方法でSOSを出しています。その音はその場所に行かなければ聞こえません。もし誰かがそこにいて気づくことができていれば、そしてそれを学生のメッセージとして認識し行動に移すことができていたなら、防げたであろう事件や事故、休学や退学は山のようにあるのです。

毎日同じような道を歩き、同じような音しか聞いていないのであれば、ぜひキャンパス内を寄り道して、周りの景色を注意深く眺めてみてほしいと思います。

書も通称名で記載することを希望する卒業生もいます。大学の証明書は、氏名を証明するものではないということを踏まえ、その対応を内規などに定めている大学があります。

留学を希望する学生であれば、海外の大学への提出に欧文の証明書が必要な場合があります。欧文の証明書の場合、言語が異なるだけでなくサインなど体裁についても海外の大学のものにあわせる必要があるため、必要事項を確認しなければなりません。

(4)　資格取得に必要な情報を証明する

資格を取得する際に、大学を卒業した事実や修得した単位などについての証明を求められることがあります。資格によっては、大学が発行する証明書ではなく、その資格があらかじめ定めている様式による証明が求められることもあります。この場合、申請者本人が情報を記載することが多いため、それらの情報が大学として証明できる内容なのか、丁寧に確認する必要があります。

また、**教職課程***の「学力に関する証明書」のように、学生が履修していた時期によって、証明書の様式を変えなければならないことがあります。資格取得に関する証明は、その資格の制度を正しく理解するとともに、法改正などの動向を常に把握するように努めましょう。

第6章　入学者の選抜

1　入学者選抜の基本を理解する

(1)　日本独自の入学者選抜である

多くの大学職員は、日本の大学の入学者選抜が世界の大学の入学者選抜と同じようなものであると考えているのではないでしょうか。実は大学入学時に入学者選抜を行う日本の制度は、国際的には特徴的な制度なのです。

多くのヨーロッパ諸国では大学に入学する際に、選抜形式ではなく資格試験に合格することが必要です。たとえばフランスの**バカロレア***、ドイツなどで行われている**アビトゥーア***がこれに該当します。ただし、この資格試験にも種類やレベルが複数あり、志望する大学が設ける入学要件を満たすことで入学できる仕組みとなっています。

またアメリカでは、**SAT***（進学適性テスト）や**ACT***（全米大学テスト協会テスト）といった共通入学テストを入学希望者に受験させることを各大学が決めています。これらは日本の**大学入学共通テスト***とは異なります。大学入学共通テストは、文部科学省が所管する機関によるテストであり、試験が高校の**学習指導要領***に基づいて教科ごとに行われますが、SAT や ACT は、民間の機関によるテストであり、読解力、作文力、数学などの分野から構成されています。アメリカの高校の**カリキュラム***は州ごとに異なるためです。また、アメリカの大学では独自の学力試験を大学が実施することはありません。このような諸外国との比較からも日本の入学者選抜の独自性が見えてくるでしょう。

(2) 入学者選抜に関する法令を理解する

日本の大学の入学者選抜の基本を理解するためには、まずその大枠を規定している**学校教育法***と学校教育法施行規則を確認することが大切です。学校教育法には、大学に入学できる者の資格と学生の入学決定に関する**教授会***の役割が記載されています。

大学入学資格については、「高等学校若しくは中等教育学校を卒業した者若しくは通常の課程による十二年の学校教育を修了した者（通常の課程以外の課程によりこれに相当する学校教育を修了した者を含む。）又は文部科学大臣の定めるところにより、これと同等以上の学力があると認められた者」（学校教育法第 90 条）と定められています。

学校教育法と学校教育法施行規則に改正はなくても、文部科学省告示が改定されることもあります。たとえば、2019 年に「外国において学校教育における十二年の課程を修了した者に準ずる者」の内容が改定され、18 歳以上という年齢要件が撤廃されました。

文部科学省は大学入学者選抜実施要項（以下、実施要項）を定め、毎年 6 月初旬頃に各大学に通知しています。実施要項では、各大学が入学者選抜について守るべきことを詳細に示しています。具体的には、入学者選抜に関する基本方針、入学者の選抜方法、試験期日、合格者の決定発表などに関するきまりを記載しています。この定めにそって各大学の入学者選抜が運営されることになります。

(3) 入学者選抜の 3 原則を理解する

戦後の新制大学の入学者選抜が始まって以来、細かな点での変更はあるものの、一貫して通底する原則が 3 つあります。その 3 つとは、能力・適性の原則、公正・妥当の原則、高校教育尊重の原則です（繁枡編 2014）。この 3 つの原則は実施要項の基本方針において示されているものです。所属大学の入学者選抜が 3 つの原則にあてはめて適切なものになっているかを確認しておきましょう。

能力・適性の原則

大学の入学者選抜は、入学希望者が大学教育を受けるにふさわしい能力・適性を備えているかどうかを判定の原則とします。実施要項では、大学入学者選抜は入学者に求める力を多面的・総合的に評価・判定すると示されています。日本の大学においては、大学入学希望者の能力・適性を入学許可にかかわる評価・判定の対象とした選抜が、戦後から大きく変わらずに行われてきました。この原則が大学教育の質を保証してきたともいえるでしょう。

公正・妥当の原則

各大学は、入学者の選抜を行うにあたり公正かつ妥当な方法を用いること、年齢、性別、国籍、家庭環境などに関して多様な背景をもった学生の受け入れに配慮することが実施要項には示されています。これは、大学の入学者選抜は、出身階層、家庭の経済力、思想・信条にかかわりなく公平に行われるべきという社会の競争原理と、学力検査の得点で厳密に合否を決めるよう公正に実施してほしいという入学希望者の要求を反映したものであるといわれています（佐々木 1984）。

高校教育尊重の原則

大学の入学者選抜は高校教育に大きな影響を与えます。実施要項には、高校における適切な教育の実施を妨げないよう大学が配慮することが記されています。配慮する点は具体的に２つあります。第１に、大学は入学者選抜を実施する時期に配慮しなければならない点です。これは、高校で習うべき学習内容を終えていない段階での入学者選抜の実施を防ぐ点と、早期に入学者選抜を実施することにより、高校教育が詰め込み型の教育にならないようにする点から考えられたものです。第２に、入試問題において高校の学習指導要領から逸脱しないように配慮しなければならない点です。各大学では、試験の出題内容にミスがあることだけでなく、試験問題が学習指導要領から逸脱しないものであるのかについても注意する必要があります。

2　入学者選抜を実施する

(1)　アドミッション・ポリシーを理解する

大学は、法令や入学者選抜における原則を遵守しながら入学者選抜を実施します。選抜の際にはどのような入学者を受け入れるかの方針が必要となります。こうした入学者受け入れの方針を**アドミッション・ポリシー***といいます。求められる学力や態度、**キャリア***への志向などが示され、どのような方法で入学者を選抜するかについてもまとめられています。

アドミッション・ポリシーは、各大学が特徴ある入学者選抜を実現するために必要となります。特徴ある入学者選抜によって学生を受け入れ、大学の提供するカリキュラムにそって教育することで大学は個性を打ち出していくことが可能になります。したがって、アドミッション・ポリシーは入学者選抜のみならず、その後の大学教育にかかわる**カリキュラム・ポリシー***や**ディプロマ・ポリシー***と内容が一貫していることが重要です。

(2)　入学定員について理解する

入学者選抜を行わなければならないのは、入学希望者を無制限に受け入れることができないからでもあります。それぞれの大学には教員数や設備に応じて、教育を適正に行うために、**収容定員***が定められています。収容定員に基づいて全体の入学定員と入学者選抜の募集単位ごとの入学定員が定められています。

大学は入学定員を管理することを求められています。私立大学の定員超過に対しては、国から交付される**私学助成***の経常費補助金が減額されます。国立大学の定員超過に対しては、基準を超過した入学者分の**納付金***の相当額を国庫に返納することになっています。また、定員超過率が一定値以上の場合、学部の新設が認可されません。このような厳格な定員管理が進められる背景には、**大学設置基準***に基づいて過度な定員超過を是正して教育の質を保証しようとする考えがあるためです。各大学は大きな過不足なく入学定員を充足できるように入学者選抜を実施しなければなりません。

入学者選抜においては、募集単位を検討することも重要です。たとえば、学部や学科を区切らず募集単位を大くくりにする大学もあります。募集単位を大くくりにすることで、学生は入学後に幅広い分野の学習の後に、専攻分野を絞っていくことができます。

(3) 適切な入学者選抜方法を選択する

入学者選抜方法は**一般選抜***と各大学の判断によって行われる多様な選抜方法に大きく分かれます。多様な選抜方法は近年ますますニーズが高まっています。

一般選抜は、学力検査、資格・検定試験の結果などによって入学希望者の基礎学力を主に判定する方法です。

他方、一般選抜では測りきれない能力、資質の判定や一般の入学希望者とは異なる選抜を行うために多様な選抜方法が採用されています。

詳細な書類審査と面接による**総合型選抜***は、近年ますます採用する大学が増えています。一般選抜ではつかめない入学希望者の個性的な能力や意欲などを判定材料にすることができます。ただし、基礎学力の状況把握のため、調査書などの出願書類以外の評価も求められます。

学校推薦型選抜*も主要な選抜方法として根づいています。出身学校の校長の推薦に基づき、学力検査は免除されます。この選抜方法も総合型選抜と同様、入学後の学習に支障なく取り組めるだけの基礎学力を把握する必要があります。入学者選抜から入学まで比較的長い期間が空い

てしまうことから、**入学前教育***を実施する大学もあります。

また**帰国子女入試***や**社会人入試***といった選抜方法は、今後ますます求められるでしょう。それらは、さまざまな背景をもつ入学希望者のための選抜方法です。入学希望者が無理なく受験でき、その能力や適性を公正に測るための配慮がなされるべきでしょう。私費外国人留学生をはじめとした外国人学生の入学者選抜もニーズが高まっているといえるでしょう。

(4)　入学者選抜スケジュールを定める

入学者選抜を実施するうえでスケジュールを定めることが重要です。このスケジュールについては、実施要項が高校教育尊重の原則にのっとって期間を定めています。たとえば「令和２年度大学入学者選抜実施要項」では、各大学が一般選抜を実施する時期として２月１日から４月15日と示されています。総合型選抜や学校推薦型選抜など選抜方法ごとに期間が定められています。定められた期間にそって出願や検査、面接、入学判定などのスケジュールを決めていきます。

選抜方法に大きな変更がある場合は年単位でのスケジュールを立てなければなりません。選抜方法の変更は入学希望者に影響を及ぼすため、２年程度前には予告・公表することが求められます。

(5) 公正な入学者選抜を実施する

入学者選抜における原則の１つにあげられていたように、入学者選抜は公正に実施されなければなりません。ここで重要なのは、公正であることは一律な対応を意味するわけではないということです。

たとえば、大学入学共通テストでは、受験者からの申請に応じて、文字を拡大した問題冊子を配付したり、別室受験を認めたりする特別措置を実施しています。この措置によって、さまざまな事情から生じうる受験上の困難が軽減され、受験者の能力を適切に測ることが可能になります。公正な入学者選抜の実施のためには、受験者に個別に対応することが認められているのです。

また、入学希望者の能力に関係しない要因が選抜に影響する可能性を排除することも公正な選抜には不可欠です。たとえば実施要項では、私立大学の寄附金をとりあげ、寄附金は任意であること、入学前の寄附金の募集は行っていないことなどを募集要項に明記するよう求めています。このように特定の入学希望者が不当に優遇されないようにしなければなりません。

(6) 情報の機密性を保つ

入学者選抜にかかわる情報は、機密性が高いことはいうまでもありません。入学希望者にかかわる各種書類や選抜試験の出題内容などの厳重管理はもちろんのこと、誰がどのような業務を担当しているかといったことも口外すべきではありません。同僚間の雑談などで業務について話すことも避けたほうがよいでしょう。

同様に入学者選抜の際には、選抜に必要な最低限の内容しか入学希望者から得てはならないなどの方針を定める場合があります。入学者選抜後の**個人情報***の扱いについてのガイドラインも必要でしょう。

(7) ミスやトラブルを防止する

入学者選抜シーズンになると、毎年のように入学者選抜におけるトラブルがニュースになります。受験者への賠償が発生するほどの大きな事案に発展する場合もあります。入学者選抜におけるミスの防止や対応は特に重要です。

出題ミスは可能な限り避けたいものです。機密性を保ちつつ、教職員による何重ものチェック体制がなくてはなりません。また事後にミスが指摘された場合は、その設問の再検証と受験者への対応について速やかに対処しなければならないのはいうまでもありません。

実施会場でのトラブルもしばしば起こります。会場の空調やマイクなど備品については入念な下準備と確認をしておく必要があります。ミスやトラブルが許されないため、備品などは余裕をもって準備しておくのがよいでしょう。

受験者の誘導や面接、教室の監督にあたる教職員には、受験者への対応の仕方や会場での振る舞いについて入念な打ち合わせが必要です。教室のどの位置でどのように監督を行うべきかなど、詳細なマニュアルを準備しておくのも１つの方法です。受験者の誘導から答案の回収まで、関係する教職員が一連の行動についてわかっているようにしておかなければなりません。

入学者選抜業務において、深刻な事案にはつながらないものの、ヒヤリハットはよく起こるものです。ミスやトラブルを未然に防ぐために、ヒヤリハットにはどのようなものがあるのかを資料や研修を通して教職員で共有できるとよいでしょう。

3　入試広報を行う

(1)　入試広報の意義を理解する

入学希望者の減少や入学者の定員割れといったニュースを耳にしたことはないでしょうか。少子化により 18 歳人口がますます減少していく中にあって、入試広報の重要性は一層高まっています。

入試広報の意義はこうした経営的な面だけに限られません。入学希望者が一定以上いるうえで選抜が機能するということは、教育の質の担保において大切な意義があります。とりわけアドミッション・ポリシーに合致した入学希望者をいかに引きつけるかは大きな課題になるでしょう。

その一方で、過剰な広報活動は教育研究の場である大学にはそぐわないという考え方もあります。教育機関としての品位を保ちつつ、意欲ある学生に志望してもらうための発信を行うことが入試広報の役割です。

(2)　2つの市場を把握する

いまや日本の各大学は入学者の獲得に向けてさまざまな努力をしています。入学者を獲得するうえで注視しなければならないものは、受験者市場と労働市場です。

受験者市場は、大学教育の機会に対する需要と供給が出会う場です。その大学に入学したいと考える受験者がいなければ、大学教育は成立しません。受験者市場が大学にどのような教育を求めているのかについて把握することが重要になります。18 歳人口の減少傾向を見すえて、社会人学生や留学生などの市場を開拓するという方策も検討できるでしょう。また、受験者の要望に応えられる大学であることを示すために、教育内容、環境設備、経済的支援の制度などを適切に伝える入試広報の役割は小さくありません。

一方、労働市場は、学生の卒業後の進路にかかわるものです。社会環境の変化により、労働市場が求める人材像は変化してきます。大学は労働市場を把握し、カリキュラムに反映したり教育研究組織を改編したりすることが求められるでしょう。

また、これらの市場は景気に影響を受けることも知られています。不景気時には、医師、看護師、教師などの公的資格が必要な**専門職***や公務員への就職が人気になります。その動向の影響を受けた受験者市場では、医学部、看護学部、教育学部などを進学先に選択する学生が増えることになります。反対に景気がよいときには、受験者の興味にあわせた進学先が選ばれる傾向となります。

大学は２つの市場の変化に適切に対応しなければなりません。２つの市場は相互に影響を与え合っているので、入試広報部署は就職支援部署などと連携して業務を進める必要があるといえるでしょう。

(3) 大学の魅力を発信する

入試広報において大学の魅力を発信することは重要です。具体的には、大学案内やパンフレットなどの広報物を冊子として配布したり、大学ウェブサイトに電子データで公開したり、フェイスブック、インスタグラム、LINE、YouTube などの SNS を通じて、高校生や保護者などに情報発信を行うことができます。

大学の広報は、大学外の企業とともに進めていくことが少なくありません。大学案内やパンフレットの作成にあたっては、編集者やライターに委託する場合もあります。また、テレビ・ラジオ CM、新聞広告を出す場合には、広告代理店や新聞社と協力して進めることもあるでしょう。

入試広報においては、大学がもつ強みや独自性を明確にすることがもっとも重要です。そしてその強みや独自性が伝わり、この大学で学習したいと思ってもらえることを目指すべきでしょう。継続的な広報活動によって大学のブランドが形成されるのです。

コラム　大学に関する小説といえば

みなさんは、大学を舞台にした小説といえばどのようなタイトルが思い浮かぶでしょうか。たとえば、山崎豊子の『白い巨塔』や、筒井康隆の『文学部唯野教授』をあげる人がいるかもしれません。新しい作品では、直木賞を受賞した早稲田大学卒の朝井リョウ『何者』や、芥川賞を受賞した慶應義塾大学卒の遠野遥『破局』を思い浮かべる人もいるかもしれません。前者は、大学教員が主人公の小説で、後者は大学生を主人公にした小説です。それでは、大学職員を主人公にした小説はあるのでしょうか。それは、清水一行の『虚構大学』です。

架空の大学を小説の舞台としていますが、実はある大学をモデルにしているといわれています。主人公である千田は公認会計士でありながら、私立高校を経営する学校づくりの名手と呼ばれていました。その彼が、ある大学の教務課長から依頼を受けて、物理学の大家である国立大学の教授、政治家や行政機関を動かしつつ、自らもさまざまな困難や運命に翻弄されながら大学を新設していく壮大な物語です。

この本は、筆者が職員として設置認可申請業務に携わる際に、設置部署の先輩から勧められました。この本を読めば大学設置にかかわる許認可行政の裏側について、読み手の想像がさらに膨らむかもしれません。物語としての面白さだけでなく、学校法人経営のエッセンスや、大学新設における重要な視点、管理運営面を主眼とした職員としてのあり方を知るでしょう。また、ある種ブラックボックス化して、秘儀化されている設置認可に関する職員の業務をケースメソッドとして疑似体験できる小説であると思います。

物語内の大学設置にかかわる運営資金に関する裏技はびっくりするものです。読まれた方は決して真似をしないでください。

(4)　オープンキャンパスを開催する

オープンキャンパス*という用語は国内でよく使われますが、和製英語です。アメリカで実施されているキャンパスビジットにあたります。現在のオープンキャンパスにあたる進学相談会を日本で初めて開催した大学は立教大学であり、オープンキャンパスと命名したのは立命館大学といわれています（小島 2010）。

オープンキャンパスの当初の開催目的は、偏差値一辺倒の大学選択から、実際にキャンパスに足を運んで教育内容や教育環境に直接触れることを通して、学ぶ意欲が高い学生を集めることでした。

大学によってオープンキャンパスを開催する時期や頻度は異なります。中には1、2ヵ月に1回の頻度で開催する大学もあります。オープンキャンパスの開催時期のピークは、大学と高校の夏休みが重なる7月と8月です。最近では多くの大学で学生スタッフがオープンキャンパスを支援するようになりました。学生が**ボランティア***として支援する大学もあれば、大学に雇用された学生が業務にあたる大学もあります。入試広報部署のバックアップのもと、学生が高校生と保護者の対応にあたります。最近のオープンキャンパスでは、通例となっている模擬授業やキャンパス見学だけでなく、**産学連携***で開発したランチメニューや商品を楽しめるものもあります。

いくつかの大学では、オープンキャンパス参加者に記名式でアンケートを取り、参加者と入学した学生のデータを紐づけて分析しています。このようなアンケート分析は次年度のオープンキャンパスの改善につなげられるとともに、受験者市場のマーケティングを行えるといった利点があります。

(5) 高校を訪問する

高校への訪問も入試広報の1つの方法です。高校訪問は基本的に入試広報担当の教職員が担当しますが、高校の校長経験者を大学が雇用して、高校訪問の担当にあてる事例もあります。

訪問の時期は一般的に6月と9月です。6月は高校3年生に向けて各高校が進学ガイダンスを行う時期に重なるためであり、9月は進路確認が行われるとともに、総合型選抜や学校推薦型選抜が始まる時期に重なるためでもあります。ただし、近年は高校2年生の段階で早期に進路決定する生徒もいるため、訪問の時期は各高校の事情にあわせて検討する必要があります。

高校訪問では進路指導を担当する高校教員に面会を求めましょう。訪問前に電話などでアポイントメントを取ることが一般的ですが、大学によっては、アポイントメントを取らずに飛び込みで訪問するところもあります。その場合は、進路指導教員とまったく関係性がない状態から始まるため苦労することも多いようです。

高校訪問で持参する資料は、大学の教育内容、入学者選抜方法、卒業生の進路に関する情報が中心になります。また、訪問する高校の卒業生がいる場合は、その学生に関する情報を提供することも有効でしょう。大学での学習状況やクラブ・サークル活動などの大学生活の情報を含むことが考えられますが、個人情報の扱いに留意しましょう。1校あたりの訪問時間は30分前後ですが、高校側の事情に応じて設定するようにしましょう。

高校訪問を成功させるには、訪問する教職員が、高校の進路指導教員に適切な情報を提供することが必要です。たとえば、新たな入学者選抜制度が始まるときに、その概要をわかりやすく説明したり、大学がその選抜制度に対してどのように考えているかを高校側に丁寧に説明したりすることなどがあげられます。高校側が知りたい情報をしっかり提供した後に、自分たちが提供したい情報を伝えるというプロセスが重要です。

第7章　学生の発達

1　学生の発達を理解する

(1)　学生は大きな成長を遂げる

入学したばかりの学生と卒業間近の学生を比較すると、言動や雰囲気に大きな違いがあるのに気づくのではないでしょうか。たとえば、窓口で緊張してうまく話せなかった学生が、堂々と的確に話せるようになった光景を目にしたことはありませんか。大学の在籍中に学生は大きな成長を遂げます。

学生の成長は専門分野の知識を身につけることだけではありません。友人との関係を通して、自分の人生の目的をみつけた学生もいるでしょう。また、クラブ・サークル活動やアルバイトなどを通じて、コミュニケーション能力を大きく向上させた学生もいるでしょう。学生生活における学生の成長を支援することも大学にとっては重要な役割です。このようなさまざまな側面での人の成長は、教育学や心理学において発達と呼びます。

(2)　なぜ学生の発達を理解すべきなのか

多くの大学職員にとって学生の発達は馴染みが薄いものかもしれません。しかし、学生の発達を理解すると、効果的な支援のあり方を考える際に役立ちます。たとえば、学生の**キャリア***に対する意識がどのように深まっていくのか、そしてどのような働きかけをするとキャリア意識の発達が促進されるのかを理解しておくと、学生へのキャリア支援の質を高めることができるでしょう。

学生の発達について理解する意義は、アメリカの大学において広く共有されています。学生支援を担当する職員を養成する大学院では、**カリキュラム***の中に学生発達理論に関する教育内容を盛り込むことが必須とされています。学生支援を行う職員の専門性として学生発達理論の習得が位置づけられているのです。

(3) 学生の発達の領域は広い

学生の発達の領域は幅広いものです。確固たる自分の意見をもつ、リーダーシップが発揮できる、大勢の前で緊張せずに話すことができる、キャリアの展望をもてる、倫理的に行動することができるなどが含まれます。

大学の学習成果の可視化が目指される中で、学生の発達の領域はわかりやすくなったといえるかもしれません。たとえば、2008 年の**中央教育審議会***の答申「学士課程教育の構築に向けて」において示された**学士力***という概念は役立つでしょう。学士力は、「知識・理解」「汎用的技能」「態度・志向性」「統合的な学習経験と創造的思考力」の 4 つの分野から構成される能力です。

しかし、学士力で提示されたのは能力の構成とそのごく簡単な説明に過ぎません。そのため、学生の発達をそこから具体的にイメージするこ

とは難しいでしょう。加えて、学士力は**正課教育***によって獲得されることが想定されています。しかし学生の発達は、**正課外活動***によっても促されるため、その領域は学士力で提示されている内容よりも広がりをもつものであると考えたほうがよいでしょう。

2　学生発達理論を理解する

(1)　学生発達理論とは

学生の幅広い発達を理解するためには、学生発達理論が参考になるでしょう。学生発達理論は、学生にどういった発達が生じているのかという点に焦点をあてた理論です。学生発達理論は多くの学生に共通する発達の方向性を示していますが、もちろん学生の発達には個人差があることには注意しましょう。

学生発達理論は、理論的な立場の相違に応じて分類されますが、主要なものとして認知構造理論と心理社会理論があります。認知構造理論は、人が物事をどのように受けとめたり判断したりするかに注目して、発達の過程を説明する理論です。コールバーグの道徳性の発達理論は、認知構造理論の源流として位置づけられるものです。学生に特化した認知構造理論の代表例は、ペリーの理論です。ペリーの理論では、物事を正しいか間違っているか、よいか悪いかといった二元的に考える段階から、答えは複数ありうるという多元的に考える段階、答えは文脈に依存するといった相対的に考える段階など学生が段階的に発達することが示されています（Perry 1999）。

一方、心理社会理論は解決されるべき課題や、課題が解決されているかどうかに焦点をあてた理論です。エリクソンの**アイデンティティ***の発達理論は、心理社会理論の源流として位置づけられます。学生に特化した心理社会理論の代表例は、学生の発達を包括的に扱うチカリングの理論です。

(2) チカリングの理論を理解する

さまざまな学生発達理論がある中で、もっとも包括的で正課外活動や学生支援のあり方に示唆を与えるものは、チカリングの理論といえます(Chickering & Reisser 1969、1993)。チカリングの理論では7つの領域において学生が発達することを示しています。その際には、7つのベクトルという用語が使用されています。ベクトルという表現が用いられているのは、それぞれが方向と大きさをもっていると考えられているからです。彼が実証研究を通じて提示した発達の7つのベクトルは、在学中にみられる発達の諸側面であり、学生発達理論の多様な研究の中で共通してとりあげられる重要なテーマです。以下では、それぞれのベクトルの発達の内容について紹介します（表7-1)。

能力の発達

第一のベクトルとして提示された能力の発達は、大学教育において重要な目標といえるでしょう。ここでいう能力には、特定の科目に関係する知識や技能などの知的能力だけでなく、運動などの身体的能力やコミュニケーションやリーダーシップなどの対人的能力も含まれます。学生が自分の能力に対して自信をもてるようになることも期待されます。

感情の制御

感情の制御も学生の発達において重要な領域です。不安、落ち込み、怒り、恥、罪といった感情の制御は簡単ではありません。学生が適切に感情を表現し、制御するだけでなく、それを認識し、受け入れるための能力を高めていきます。さらに、学生は責任ある態度で感情にしたがって行動することを身につけます。

相互依存に向けた自律性の発達

他者に依存する傾向を乗り越えて相互依存に向けた自律性を発達させ

ることも学生にとって重要な課題です。自らの力で課題解決に取り組むことができることが期待されます。そして、最終的には、相互依存の重要性や他者との相互関連性の気づきを認識し、受け入れるようになります。

成熟した対人関係の発達

成熟した対人関係をもつことができることも学生の課題です。この領域には、パートナーや友人との健全で持続的な親密な関係を形成するだけでなく、自分と異なる他者への寛容と理解を含みます。相違に敬意を表したり、共有していることを理解したりすることで、個人を受け入れるための能力を含んでいます。

アイデンティティの確立

アイデンティティの確立は学生にとって重要な課題です。アイデンティティとは、自分とは何者かを知り受け入れることであり、エリクソンが青年期の発達課題として注目した概念です（エリクソン 1973）。学生のアイデンティティに含まれる要素としては、自分の身体的特徴、ジェンダーや性的指向、自己概念、自己受容、個人に関する安定性と統合などを含みます。未熟なうちは、これらの要素を受け入れることができず、心身が不安定になることもあります。

目的の発達

学生にとって人生の目的を明確にすることも課題になります。その1つは、職業上の目的意識です。学生は卒業後の進路を決める必要があります。どのような職業につきたいのかを自分自身でしっかりと考える必要があります。職業以外にも、自分自身がやりがいを感じる活動やかかわっていきたい人々を明確にしていきます。確立したアイデンティティが、個人の人生の目的に大きく影響を与えます。

表 7-1　7 つのベクトルの発達の方向性

①能力の発達		
低水準の能力（知的、身体的、対人的）	→	各領域における高水準の能力
自分の能力に対する自信の欠如	→	強い自信
②感情の制御		
破壊的な感情をほとんど制御できない（恐怖と不安、攻撃へとつながる怒り、落ち込み、罪の意識、恥、機能不全に陥っている性愛的魅力）	→	柔軟な制御と適切な表現
感情の認識がほとんどない	→	増大する感情の認識と受容
感情と行動を統合することができない	→	感情と責任ある行動を統合する能力
③相互依存に向けた自律性の発達		
感情的依存	→	安心に対する絶え間なく差し迫ったニーズからの自由
不十分な自己主導性、あるいは問題解決能力（流動的であることへの自由あるいは自信がほとんどない）	→	手段的な独立性（内的方向性、粘り強さ、流動性）
独立性	→	相互依存の重要性に対する認識と受容
④成熟した対人関係の発達		
相違に対する認識の欠如・相違に対する不寛容	→	相違に対する寛容と理解
存在しない、短期間の、あるいは不健全な親密な関係	→	持続し育まれる親密さの力
⑤アイデンティティの確立		
身体や外見への不快感	→	身体や外見への心地よさ
ジェンダーや性的指向への不快感	→	ジェンダーや性的指向への心地よさ
アイデンティティの立場と社会的／文化的ルーツについての明確さの欠如	→	社会的、歴史的、文化的文脈における自己意識
「私は誰か」についての混乱と、役割とライフスタイルの実験	→	役割とライフスタイルを通じた自己概念の明確化
他者の評価についての明確さの欠如	→	価値ある他者からのフィードバックに応じた自己意識
自己への不満	→	自己受容と自尊心
不安定で、分裂したパーソナリティ	→	個人に関する安定性と統合
⑥目的の発達		
不明確な職業上の目標	→	明確な職業上の目標
浅く散らばっている個人的な関心	→	より持続し、焦点化された、やりがいのある活動
有意義な対人的関与がほとんどない	→	強い対人的関与および家族との関与
⑦統合性の発達		
二元論的思考と堅固な信念	→	人間味のある価値観
不明確、あるいは真価がまだ問われていない個人的な価値観と信念	→	他者の信念に敬意を表しながらの、価値観の個性化（明確化と肯定）
利己心	→	社会的責任
価値観と行動の相違	→	調和と真正性

出所　Chickering & Reisser（1993）、pp. 38-39 より筆者作成

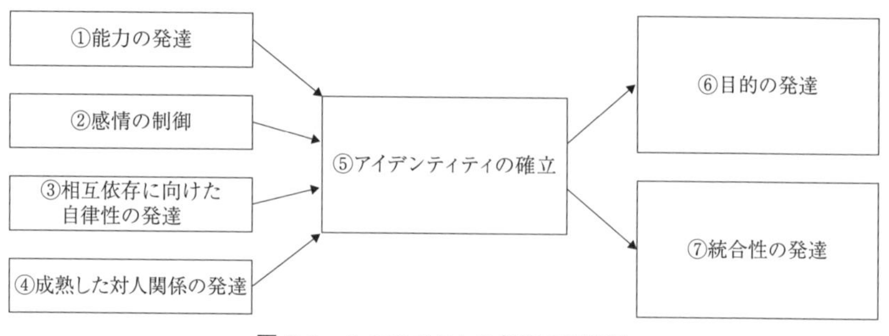

図 7-1　7つのベクトル相互の関係性

出所　筆者作成

統合性の発達

最後に提示された学生の課題は統合性の発達です。統合性の発達は学生の信念や価値観にかかわるものです。よいことと悪いこと、正しいことと正しくないことなどについての頑固な信念から柔軟な価値観をもつことができるようになります。また、他者の価値観を尊重しながら、自分自身の独自の価値観を形成していきます。さらに、利己的な考え方を脱却し社会的な責任を意識するようになり、価値観と行動の相違がなくなり、調和した言動がとれるようになります。

能力の発達から統合性の発達までの7つのベクトルには、相互にどのような関係があるのでしょうか。チカリングの理論は、エリクソンの発達理論と同じく、ある発達課題の達成が次なる発達課題の達成に大きな影響を与えるような段階論的発達理論であるといえます。ただし、すべてのベクトルについて、あるベクトルの発達が次なるベクトルの発達に大きな影響を与えるという関係性が想定されているわけではありません。

図 7-1 に示しているように、①能力の発達、②感情の制御、③相互依存に向けた自律性の発達、④成熟した対人関係の発達が、⑤アイデンティティの確立に大きな影響を与えます。そして、⑤アイデンティティの確立が、⑥目的の発達、⑦統合性の発達に大きな影響を与えるのです。

チカリングの理論は、学生の発達について包括的なイメージを提供し

コラム　学生に関する情報をアップデートする

本文ではカーナビのたとえをしましたので、カーナビにまつわるお話をしたいと思います。私が現在乗っている車は、今年小学生になった娘が生まれたときに購入しました。カーナビはその際に取りつけたのですが、最近ではたまに困った現象が起こります。というのも、普段行かないような場所をドライブしていると、突如カーナビ上で道なき道をひた走ることがあるのです。最初は何が起こったのかよくわかりませんでしたが、何のことはない、新しくできた道路の情報がアップデートされていないために起こっていた現象でした。アップデートすれば済むだけの話なのですが、それなりのお金もかかります。普段行かないような場所をドライブする機会がそうあるわけでもないですし、この先この車にどれだけ乗り続けるかもわかりません。結局、費用対効果を考えてアップデートしていないため、その現象には毎度翻弄されています。

さて、この話の「カーナビ」を「学生」に置き換えてみてください。同じような経験をしている方はいませんか。すなわち、「学生に関する情報はアップデートしたほうがよいのだろうけど、現状では特に困っているわけでもないし、費用対効果を考えるとためらわれるなぁ」と考える方も多いのではないでしょうか。しかし、学生に関する情報（本章でとりあげた学生発達理論もその１つです）は、学生あるいは大学を取り巻く環境の変化によって日々少なからず書き換わっていますし、特にアフターコロナの世界では、学生に関する情報が大きく書き換わる可能性もあります。多くの学生が集う大学という場所で働いているのですから、目先の費用対効果にとらわれることなく、学生に関する情報をアップデートすることに少しでも意識を向けてもらえればと思います。

ます。カーナビにたとえるならば、学生の発達を理解するための「広域地図」といえるでしょう。彼の理論にはそれが包括的であるがゆえに、たとえば、ジェンダーや人種をはじめとする属性の違いに対応できていないというような批判があります。しかし、こうした批判は、ある属性をもつ学生の発達を理解するための「詳細地図」としての問題点を指摘するものであり、「広域地図」としての有用性を否定しているわけではありません。彼の理論は日本の学生の発達を理解するための「詳細地図」としては十分ではないかもしれませんが、そのイメージを掴むための「広域地図」としては十分な情報を提供しているといえるでしょう。

(3) 発達を促す条件を理解する

チカリングの理論が示す幅広い学生の発達はどのように促すことができるでしょうか。チカリングは、この問いに対してもヒントを提示してくれています。すなわち、チカリングは、発達の7つのベクトルに対して、大学が影響を及ぼしうる7つの要素を仮説として提示しています(Chickering & Reisser 1993)。

明確で一貫性のある目的

学生の発達を促す条件の1つは、大学における明確で一貫性のある目的です。大学の教育目標が明確であることが学生の発達に影響を与えます。教育目標は、学内の活動の一貫性を高め、学生の目的意識を明確にさせるからです。教育目標に発達のどの領域が含まれているのか、教育目標が組織の構成員に重く受け止められているのかなどが発達への影響力にかかわってきます。

組織の規模

大学の規模も学生の発達に影響を与える可能性があります。規模が大きな大学は、小規模の大学では可能な教育ができない場合があるからです。大規模大学においては、発達の7つのベクトルの中で、能力の発達、成熟した対人関係の発達、アイデンティティの確立、統合性の発達が阻害される可能性が指摘されています。

学生と教員との関係

学生と教員の関係も学生の発達に影響を与えます。学生は自律に向けて家族との新たな関係を構築する時期になり、家族以外の大人である教員との関係から受ける影響は小さくありません。学生と教員との交流が盛んで友好的であるときに、学生の発達は促進されます。発達の7つのベクトルの中では、能力の発達、相互依存に向けた自律性の発達、目的の発達、統合性の発達が促進されます。

カリキュラム

大学のカリキュラムは学生の学習だけでなく幅広い発達にも影響を与えます。特に、カリキュラムにおいて多様な異なる視点や考え方を学生が理解したり活用したりする機会を提供できるかどうかが重要になってきます。発達の７つのベクトルの中では、能力の発達、アイデンティティの確立、目的の発達、統合性の発達が促進されます。

授業

大学の授業も学生の発達を促します。チカリングは研究グループと「優れた授業実践のための７つの原則」という小冊子を刊行しています(Chickering & Gamson 1987)。基本的には、小冊子に記された７つの原則にそった授業が学生の発達を促進すると提唱しています。具体的には、①学生と教員のコンタクトを促す、②学生間で協力する機会を増やす、③**アクティブラーニング***の手法を使う、④素早い**フィードバック***を与える、⑤学習に要する時間の大切さを強調する、⑥学生に高い期待を伝える、⑦多様な才能と学習方法を尊重する、から構成されます（中井・中島 2005)。

友人関係と学生コミュニティ

友人関係と学生コミュニティは学生の発達を促します。学生間で意義深く交流したり共通の興味関心をもったりするだけでなく、そこに多様な背景と考え方が存在するときに、学生の幅広い発達が期待できます。大学としては、学生が友人やコミュニティをつくることをどのように支援できるかが鍵となります。

学生発達のプログラムとサービス

学生の発達を目的としたプログラムとサービスも学生の発達を促しま

す。オリエンテーション、履修指導、学習相談、正課外活動支援、キャリア支援、**インターンシップ***などのプログラムやサービスが含まれます。そのときに重要なのは、学生支援を担当する職員が、学生発達理論を適用しながら教員と協力し合って働く教育者としての自覚をもって業務を遂行することです。

3　学生の発達を促す

(1)　学生の発達から大学の活動をとらえる

大学を学生の学習の場ととらえる機会は多いでしょう。学習の場ととらえると、大学の役割は正課教育のカリキュラムを中心としたものになるでしょう。実際、各大学で策定されている**ディプロマ・ポリシー***は、基本的にはすべての学生が経験する正課教育のカリキュラムでの学習成果を想定して作成されています。

しかし、大学を学生の発達の場ととらえることにより視野は広がります。実際に学生の幅広い発達を教育理念として掲げている大学は少なくありません。大学を学生の発達の場ととらえれば、正課教育における学習だけでなく、正課外活動における学習や発達が重要になってくるでしょう。そして、授業を担当する教員だけでなく、正課外活動を担当したり、さまざまな学生支援を担当したりする職員の果たす教育的役割が大きくなります。

(2)　正課教育と正課外活動で発達を促す

学生の発達に着目することで、正課教育と正課外活動の関係性についても検討する余地があるとわかります。正課教育と正課外活動を明確に区別している限りは、学生の発達には限定的な影響力しか与えられません。学生の発達により大きな影響力を与えるためには、すべての学生を対象に、正課外活動に限定することなく正課教育においてもより積極的にかかわっていこうとするアプローチが必要といえます（葛城 2011）。アメリカの大学で取り入れられているように、日本の大学においても正課教育と正課外活動の融合を志向し、大学の積極的な関与をするアプローチがこれまで以上に求められるといえるでしょう。

(3) 各種活動の目標や評価に活用する

学生発達理論を、大学の各種活動の目標設定や評価基準として活用することもできるでしょう。大学の教育目標を考えるときに、チカリングの理論の７つのベクトルを参考にして、どの領域に正課教育で関与するのか、また、どの領域に正課外活動として関与するのかを整理することができるでしょう。また、正課外活動の各種プログラムやサービスの目標設定においても、どの領域を発達させるかを検討することもできます。

評価の場面でも活用が考えられます。正課外活動の各種プログラムやサービスは参加者数やアンケートなどによる満足度で評価することが多いかもしれません。しかし、学生発達理論の枠組みをアンケートなどに組み込めば、各種プログラムやサービスによって学生がどのように発達したのかが可視化され、評価や改善につなげることができるでしょう。

第8章　正課外活動の支援

1　正課外活動の特徴を理解する

(1)　正課外活動の位置づけを理解する

学生のころを振り返って、自分が特に成長したと思えるような経験にはどのようなものがあるでしょうか。きっとクラブ・サークル活動、友人との交流、アルバイトなど、授業以外の活動を思い出す人は少なくないのではないでしょうか。

正課教育*以外のさまざまな学生の**正課外活動***を支援することも大学の大切な役割です。正課外活動は正課教育の単なる補助的な活動ではなく、正課教育が果たすことのできない役割をもつ活動としてとらえることができます。

正課教育と正課外活動の境界は実際にはきれいに分かれていません。正課外活動の中には、授業をはじめとした大学での活動とまったく関係のないものもあれば、正課教育のように明確な教育的意図をもって行われるものもあります。正課外活動と一言でいっても大学や教職員のかかわり方やその程度にはさまざまなものがあるのです。同じような活動であっても、正課教育に位置づける大学と正課外活動に位置づける大学があります。

同じ大学であっても以前は正課外活動であったものが正課教育に組み込まれる場合もあります。たとえば、2008 年の**中央教育審議会***による答申「学士課程教育の構築に向けて」を契機に、それまで正課外活動

として行われていた**ボランティア***や海外研修などが正課教育の中に組み込まれるようになりました。そして2011年のキャリアガイダンスの義務化によって、**インターンシップ***やプロジェクトなども同様の扱いとなったのです。

(2) 正課外活動の意義を理解する

正課外活動がもっている意義はさまざまな研究成果から明らかになっています。正課教育との関連については、学習以外の大学生活の過ごし方が、授業での知識・技能の獲得にも効果があることが調査から指摘されています（溝上 2009)。この調査結果は授業そのものに直接かかわらない活動が、結果的には授業での学習や技能獲得に影響を与えていることを示唆しています。また、キャリア教育をはじめとした、学生の社会への移行を目的とした授業との連携によって、学生が具体的な社会のイメージを抱くことができるなどの効果も期待できます。

正課外活動は、幅広い発達にも影響するといわれています。たとえば、クラブ・サークル活動は、「チームで働く力（チームワーク)」と「規律性・状況把握力・主体性・柔軟性」に有効だとする研究があります（三保・清水 2013)。また、大学への満足度を高め、学生生活を充実させる効果も指摘されています（武内他 2005)。ボランティアや学外での諸活動、インターンシップなどへの参加は、社会の実際の場で構成員として活動する貴重な機会になるでしょう。ほかにも、海外での研修は語学力の獲得や異文化理解を促進する効果もさることながら、「主体性・実行力・課題発見力・柔軟性・状況把握力・ストレスコントロール力」など、多様なスキルを高めることがわかっています（野水・新田 2014）。このように正課外活動にはさまざまな効果があるのです。

(3) 正課外活動支援の背景を理解する

正課外活動への支援の重要性は久しく主張され続けています。たとえば1958年の学徒厚生審議会答申では、以下のように記されています。

> 学生生活の環境的条件を調整するとともに、学習体験の具体的な場面に即して、各学生の主体的条件に働きかける教育指導を行うことによって、その人格形成を総合的に援助することが正課外の教育の目的であり、このような目的をもって組織的・計画的に行われる大学の活動が厚生補導業務である。

この後も正課外活動の重要性が指摘されてきたものの、長い間大学の中で正課外活動の支援が重要な活動として位置づけられることはありませんでした。この状況を転換したきっかけが、2000年の**廣中レポート***です。廣中レポートとは、文部省高等教育局から出された「大学における学生生活の充実方策について（報告）―学生の立場に立った大学づくりを目指して」という報告書であり、「教員中心の大学」から「学生中心の大学」への視点の転換とともに、正課外活動の積極的なとらえ直しを主張しています。さらに、2008年の中央教育審議会答申「学士課程教育の構築に向けて」によって、学士課程教育を通じて到達すべき学習成果は、正課教育の授業だけでなく正課外活動を含むさまざまな教育活動全体を通じて培うものであることが広く認識されるようになりました。

(4) 学生の学習や発達に結びつける

大学が正課外活動を支援するうえで重要な指針があります。それは、単に学生のニーズに対応するだけでなく、活動を学生の学習や発達に結びつけることです。

たとえば、学生のボランティア活動の支援を例にとってみましょう。大学とは関係がなく自分でボランティア活動の機会をみつけてきて自主的に行う学生もいるでしょう。ボランティアという言葉のもつ意味からも、学生が自主的に行うボランティア活動は重要です。一方で、大学がボランティア活動の機会を提供することも意義があります。なぜなら、大学が学生のボランティア活動にかかわることで、より安全で教育効果のある経験にすることができるからです。適切なボランティア活動を学生に紹介したり、事前学習や事後の振り返りの機会をつくることで貴重な現場での経験を学習や発達につなげることができるでしょう。

2　さまざまな正課外活動を支援する

(1)　学生の自主的運営を支援する

クラブ・サークル活動などの正課外活動においては、学生の主体的な運営を尊重しなければなりません。正課外活動を支援する際には、学生の主体的な運営を阻害しないためにも、教職員の過度な管理や干渉は控える必要があります。

そのため、学生が活動で使用する施設や設備の整備、物品の貸出、活動経費の補助といった支援が中心になるでしょう。また、リーダーシップ、トレーニング、スポーツ栄養などに関する研修を提供したり、公式戦などで授業に参加できない場合の教育的配慮を提供したりする大学もあります。

(2)　大学として活動を公認する

正課外活動を公認するのも大学の大事な役割です。公認を得た活動は学内設備の使用が認められたり、公式戦や大学祭などでの活躍の場が与えられたりします。大学の公認は、学生の活動に安心感を与えるという意義もあります。また、学外における活動の場合は、公認することによって大学の責任と支援体制を明示することにもなります。

公認に際しての基準はさまざまですが、その中でも外せないのは、その活動が学生の活動として相応しいものかどうかという基準でしょう。反社会的な活動をする団体や、実質が伴っていない団体に公認を与えることのないように留意します。公認後も定期的に活動状況を確認するなどのルールづくりも大切です。

また、活動に際して、顧問などの形で教職員の関与を求めることもあります。活動の中で問題が起きた場合に学生がまず相談し、助言を求めるのがその教職員となります。

(3) 学生に活動を推奨する

正課外活動への参加を学生に推奨することも支援の１つです。多くの大学が入学式前後にクラブ・サークルのオリエンテーションなどを実施しています。新入生はこうした場でクラブ・サークルを見て回るだけでなく、同級生や先輩との出会いも経験します。仲間とのつながりやクラブ・サークルへの所属は、新入生が大学への帰属意識をもち始めるきっかけとなることから、このような行事は重要な役割を担っているといえます。

また、海外留学やインターンシップなどの活動を大学内で推奨することもよく行われています。学生に推奨したい活動について、経験のある上級生などの話を聞けたり、相談できたりする場を設けるとよいでしょう。ほかにも、学生の文化的な活動を支援するために、近隣の博物館、美術館などの文化施設を割引価格で観覧することができるように契約している大学もあります。

(4) 学生コミュニティの活動を支援する

大学の中ではさまざまな目的をもったコミュニティが自主的に組まれ

活動しています。クラブ・サークルなどがイメージしやすいかもしれません。ほかにも有志で集まって行う勉強会や学内ベンチャーなどもあるでしょう。運営の主体に教職員を含んでいたり、学生だけで実施されたりとさまざまなものがあります。場合によっては学外者も加えて展開されるものもあるでしょう。大学の施設や教室を使いながら行うもの、学外施設を利用するものなど活動の場もさまざまです。

これらの活動は多くの場合、意欲の高い学生によって進められます。意欲ある学生コミュニティが自由に活動できることは、大学の活力にもつながるでしょう。そうした意欲に応えられる環境をつくることも大学の役割の１つです。たとえば、スポーツ施設や音楽室といった施設や物品の貸し出し、活動資金の援助などの支援ができます。ほかにも学生コミュニティが広報したり、活動の成果を公開したりする機会をつくることもできるでしょう。

(5) 優れた学生を表彰する

正課外活動において優れた成果を残した学生を表彰することも重要です。学生表彰制度は、学業面での成績優秀者に限らず、正課外活動において優れた成果を残した学生を対象としている大学も多いです。

学生表彰制度によって、正課外活動で活躍する学生を大学として承認することができるでしょう。表彰の対象となる学生は活動への意欲を高めるだけでなく、就職活動などにおいて表彰されたことをアピールすることもできるでしょう。また、学生表彰制度は、大学として正課外活動を重要視している姿勢を示し、さらに模範となる学生の具体像を大学全体に示すことにもなります。

(6) トラブルやリスクに対応する

正課外活動において想定されるリスクを防いだり、学生の相談に対応したりすることも大切な支援です。学生を取り巻くさまざまなトラブルやリスクについて対応し、学生が健全に活動できるための支援が求められます。

事故やケガのほかに、過度に負担の多い活動、法律に抵触する活動など、学生を取り巻くリスクは質と量ともに高校までの生活の比ではないでしょう。家族から離れ１人で生活を始める学生も少なくないことから、こうしたリスクをどのように防ぐかは大学にとって重要な課題です。**初年次教育***や入学時などのガイダンスでこうしたリスクについて専門家を通じて説明する場を設けている大学もあります。啓発用のパンフレットを作成し配付するという方法もよくとられています。また、活動中の事故やケガに対応する保険の加入を推奨することも行われています。さらに、クラブ・サークルなどに対して危機管理ガイドラインを策定する大学もあります。

ただし、予防策をとっていたとしても、トラブルが生じてしまうこともあります。こうした場合は迅速な対応が求められます。学内の各部署と連携を進めて対応し、場合によっては警察などへの相談も含めて検討しなければなりません。

(7) 教育者としての自覚をもつ

正課外活動の支援において大学職員が中心的な役割を担うことも少なくないでしょう。たとえば、**オープンキャンパス***におけるキャンパスツアーの企画や運営など、大学職員が学生たちと二人三脚で作り上げることはよくあります。そこで大学職員がどのように関与するかによって、学生の発達に大きく影響を及ぼすことができます。

正課外活動の支援を担当する大学職員は教育者という自覚をもつのがよいでしょう。まず意識すべきなのは、学生の自主性を尊重し、学生の学習と発達を第一に考えて支援することです。安易に学生に解決策を示したり指示したりするのではなく、自発的な気づきを促しましょう。そのために大学職員は、プロジェクトマネジメントの知識やファシリテーションの技術などに通じておくとよいかもしれません。

3　正課外活動の教育プログラムを提供する

(1)　正課外活動の教育プログラムを開発する

正課外活動の中にも、特に明確な教育的意図をもって行われる、体系性や計画性の高い活動があります。これらの活動を**準正課教育***と称する大学もあります（村田・小林 2015）。学生のニーズや社会からの要請を踏まえてこうした準正課教育の機会を提供することが大学には求められています。たとえば、**サービスラーニング***やボランティア活動などにおいて、学生が地域課題の解決に携わる活動は、大学において近年積極的に取り組まれているところです。

こうした正課外の教育プログラムについては、学生が参加しやすいものとなることを念頭におくようにしましょう。プログラムの開発においては、教育目標を定めたうえで、実施期間や対象となる学生を設定し、

表 8-1　正課外の教育プログラムの例

1	自大学を知るプログラム（講演会、ウォークラリーなど）
2	学生参加型プログラム（学生広報、オープンキャンパス、キャンパスツアースタッフ、ホームカミングデー企画）
3	ピアサポート型プログラム（学生による学生支援、学生生活・就職などのメンター制度）
4	学生スポーツ（体育会など）応援
5	新入生を対象とした導入教育としての合宿
6	コミュニケーション実習・ワークショップ
7	国内・海外フィールドワーク（単位付与されないもの）
8	人権、ハラスメント、マナー、モラル向上啓発セミナー
9	正課外活動のリーダー養成プログラム、研修会
10	外国人留学生への支援（チューター制度、交流会、歓迎会）
11	宗教的プログラム（写経、聖書に親しむ会、座禅、クリスマス行事など）
12	救急救命講習会
13	球技大会（スポーツ大会）・ボディワーク（ヨガ・ダンスなど）
14	企業などへの社会見学
15	芸能鑑賞（落語・演劇・コンサートなど）
16	上記以外の講演会・シンポジウム

出所　大竹・諏佐（2017）、p. 62 より筆者作成

活動内容を決めていくという過程が基本となるでしょう。またその中で、予算やスタッフといったリソースの調整も行います。関係者間で議論しながら進めていきましょう。

内容が決まれば広報し、参加する学生を募りますが、単位の修得にかかわらないため、場合によっては学生が集まりにくい可能性もあります。学生に関心をもってもらえるようなプログラム名をつけたり、活動から得られる能力や活動そのものの楽しさといった参加する利点を伝えたりするとよいでしょう。また、プログラムにかかわる教員や活動内容に関連する授業を担当する教員へ参加者募集の協力を求めるという方法もあります。

(2) 学外のネットワークを活用する

正課外の教育プログラムは、学外に活動の場をおくことも多いでしょう。地域や国内外の企業、公共施設、研究機関など多様な環境で活動できることはこうしたプログラムの魅力であるともいえます。

学外のネットワークを活用することによって、人的な支援を得られることも大きな利点になります。たとえば、地域の**フィールドワーク***の場合、地域課題に詳しい学外者がプログラムに参加できるならよりよいものになるでしょう。開発段階から学外者にかかわってもらうことで、社会の実情に即したプログラムの開発も可能になります。海外でのプログラムであれば、安全面などへの配慮からも現地スタッフの協力は不可欠でしょう。

教育機関との連携を意欲的に行っている組織とのつながりから学外者の協力を得ることができます。また、教員がこうしたつながりをもっている可能性もあります。逆に大学側が学外者から連携をもちかけられる場合もあるかもしれません。その場合も可能であれば話を聞いておくのがよいでしょう。すべての提案の実現は現実的ではないとしても、実施を検討できるタイミングがいずれ来るかもしれません。

コラム　学生の活動を見守り、ともに成長する

高校時代は体育会系のクラブで過ごしたＡさん。大学では何か違うことをしたいと考え、秋の運動系イベントの新規企画を行うプロジェクトを学生課の職員に相談したうえで立ち上げました。やる気に満ち溢れ、エネルギッシュなＡさんにひかれて、プロジェクトには 10 数名の学生が参加することになりました。Ａさんは責任感から「自分がしっかりしなくては」と、毎回の会議に向けてさまざまなアイデアをもっていきます。そのせいかプロジェクトのメンバーはすっかりＡさんに頼りきりになり、会議では常にＡさんがアイデアを出し、話をし、メンバーは聞く、という構図ができあがってしまったのです。

秋のイベントを成功させるために、夏休みの活動は不可欠に見えました。そこでＡさんは夏休み中も定例会議を設定しました。真夏のある日、汗を拭いながら人もまばらなキャンパスに到着し、会議の部屋に向かったＡさん。その日の議事の整理はバッチリ。しかし、待てども待てども、誰ひとりとして会議には現れません。

Ａさんの様子を、付かず離れずに見守っていた学生課の職員Ｂは、その様子を見て、問題はどこにあるのか、この経験をどう活かすのか、について、じっくりとＡさんと話をしました。

基本的に勉強はあまり得意でなかったＡさんですが、この日以降、図書館で借りた「プロジェクトマネジメント」「リーダーシップ」「チームビルディング」「ファシリテーション」などに関する書籍を、いつもカバンに入れるようになったのです。そんなＡさんの成長を見て刺激を受けた職員Ｂもまた、同じような書籍を購入し、Ａさんに負けじと勉強を始めたのでした。

(3)　プログラムの効果を評価する

教育プログラムが実施されたらその効果を評価しましょう。効果を評価することでプログラムの改善を図ることができるほか、評価によって示された効果を公表することで、プログラムの継続や、より多くの学生の参加を促すことが可能になることも考えられるからです。

まずはプログラム終了後に参加者へのアンケート調査を行いましょう。プログラム全体の満足度のほか、プログラムによって得られた能力などを評価項目としておくとよいでしょう。特に影響を与えそうな学生の発達を観点として取り入れて評価項目を作成するとよいでしょう。また、今後のプログラムの改善のために課題や改善点などを積極的に出してもらいましょう。参加者との信頼関係があれば、深く話を聞くことができるインタビュー形式も検討できるかもしれません。

これと併せて参加者のその後について追跡調査も可能な範囲で試みたいところです。その後の学習や就職活動、進路選択などにおいてプログラムに参加した意義を感じられたかどうかを評価することができるかもしれません。追跡調査は容易ではありませんが、プログラムに参加した学生のメーリングリストやSNSのグループなどを作成したり、同窓会のように集まることができるイベントを開催したりすることで、実現しやすくなるでしょう。

(4) 正課教育に組み込む

プログラムの効果を評価した結果、大きな教育効果が得られると判断された場合、正課教育の中に含めることも考えられます。ただし、正課教育にするには注意が必要です。正課外活動はあくまで学生の自主性にゆだねて行われたものであり、もともと意欲のある学生が集まって行った活動であるということです。正課教育の中に含まれ、単位の修得につながる授業となった場合、それまでとは特徴の異なる学生も参加するでしょう。そのためには、事前の設計をしっかりたてておくことが重要になるでしょう。

第9章　キャリア支援

1　キャリア支援とは何か

(1)　キャリア支援は大学の役割である

卒業後の進路選択に関する幅広い支援を学生に対して提供することは、大学が果たすべき役割の1つです。1990年代頃までは、多くの大学において就職支援と呼ばれる支援が行われていました。就職支援は学生の職業適性を見極め、企業や行政機関などの適切な就職先を紹介し、就職活動を支援するというものです。しかし、2000年代以降になると、学生の人生全体を見すえたうえで進路選択を支援する取り組みが広がっていきます。こうした幅広い支援のことを、一般にキャリア支援と呼びます。

ユニバーサル段階*にある日本の大学においては、学生の卒業後の進路はきわめて多様なものとなっています。だからこそ、学生が大学での学びを自分なりに意味づけ、そのうえで主体的に進路選択を行うことができるよう支援していくことは、これまで以上に重要になってきたといえます。

(2)　キャリア支援の法的根拠を理解する

キャリア支援に対する大学の役割は、法令上でも明確です。**大学設置基準***の第42条では、「大学は、学生の厚生補導を行うため、専任の職員を置く適当な組織を設けるものとする」と定めています。大学設置基準が初めて制定された1956年の段階では、**厚生補導***の具体的な内容

は必ずしも十分に整理されていませんでした。しかし、1958 年に公表された学徒厚生審議会答申では厚生補導が 13 領域に分類できることを示し、その中の１つとして職業指導をあげています（葛城 2011）。

さらに、近年、大学におけるキャリア支援の必要性はより高まっているといえるでしょう。2011 年 4 月から施行の、改正された大学設置基準第 42 条第 2 項において、「大学は（中略）学生が卒業後自らの資質を向上させ、社会的及び職業的自立を図るために必要な能力を、教育課程の実施及び厚生補導を通じて培うことができるよう（中略）適切な体制を整えるものとする」という条文が加わったのです。

これにより、**正課教育***と**正課外活動***との緊密な連携によって、学生のキャリア形成を総合的に支援することが大学の役割であると明示されました。

(3)　キャリア概念の射程は広い

そもそもキャリア支援において想定されている**キャリア***とは何でしょうか。ここでは、キャリアという概念について掘り下げてみましょう。

キャリア概念に関する定義はさまざまありますが、代表的な定義としてあげられるのは、アメリカの教育学者スーパーによるものです。スーパーはキャリアを「一生涯の間に、個々人が演じるさまざまな役割の組み合わせとその連続」(Super 1980）として表現しています。こうした

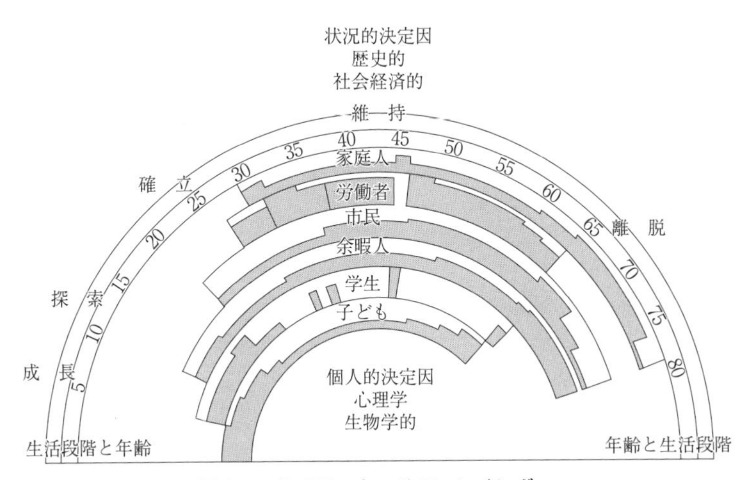

図 9-1　ライフ・キャリア・レインボー

出所　菊池（2012）、p. 52

スーパーの考えを端的に示したのが、図 9-1 に示すライフ・キャリア・レインボーと呼ばれるモデルです（Super et al. 1996）。

スーパーは、人間の生涯を成長期、探索期、確立期、維持期、離脱期の5段階に分けました。さらに人間が生涯を通じて担う役割を、子ども、学生、余暇人、市民、労働者、家庭人などに整理しました。そして、人間がそれぞれの段階に応じて、複数の役割を同時に、かつ、それぞれに重みづけをしながら担っていくと考えました。こうした役割の総体こそがキャリアなのです。

大学卒業後の職業選択は、それ以前に自身が抱いていた職業に対する価値観と連続性をもちます。また、どのような職業に就き、働いていきたいかという個人の価値観は、当然ながら、生涯におけるそのほかの役割をどのように担いたいかという、人生全体に対する価値観と密接な関係にあります。ここから大学においてキャリア支援を行う際には、学生個人の過去・現在・将来という時間軸に加え、さらには人生における多様な役割と労働者としての役割の関係性を視野に収めることが必要になるのです。

コラム　職業紹介と大学

キャリア支援の重要な機能の１つが職業紹介です。職業紹介とは、「求人及び求職の申込みを受け、求人者と求職者との間における雇用関係の成立をあっせんすること」（職業安定法第４条）と定義されています。

この職業紹介は、実は誰でも自由に行うことができるものではありません。原則として、公共職業安定所（ハローワーク）がその役割を担うこととなっています。有料または無料の職業紹介事業を民間企業などが行う場合には、厚生労働大臣の許可が必要になります。職業紹介について強い規制が存在するのは、国民の職業選択の自由を保障し、公正な社会を実現するためであるといえます。

それでは、大学はなぜあたりまえのように職業紹介を行っているのでしょうか。実は、大学などの教育機関（中学校、義務教育学校、高校、中等教育学校、高等専門学校、特別支援学校、専修学校など）は、厚生労働大臣に届け出ることにより、無料職業紹介事業を行えるのです（同法第 33 条の２）。

上掲の教育機関が届出のみで職業紹介を行うことができるのは、どのような理由によるのでしょうか。これは、当該教育機関での職業教育の延長として職業紹介を行うことにより、卒業見込者の職業適性を十分に把握したうえでの支援が可能となり、卒業見込者が受けてきた教育を有効に活用できる職業に就くことが可能になると考えられているからです。

大学は、職業紹介において重大な責任を引き受けているのです。そしてその責任は、大学が学生の職業適性を十分に理解しており、より効果的な職業紹介が実現できるという想定のもとで、特別に付託されたものであるといえます。大学において職業紹介を担当する職員は、こうした前提を理解しつつ支援にあたる必要があります。

2　キャリア支援の理論を理解する

(1)　キャリア支援には理論的な背景がある

現在、各大学においては多様なキャリア支援プログラムが提供されていますが、それらの背景にはいくつかの理論があります。ここでいう理論とは、主に心理学の領域において研究が進められてきた職業選択に関する理論や、職業や将来の生き方に対する価値観の発達に関する理論を指します。これらの理論はおおよそ50年に1度のスパンで大きな転機を迎えてきたといわれています（下村 2015）。

大学において提供されてきたプログラムは、時代に応じて生み出された新たな理論によって大きく変化してきました。また、古い理論でも今日のキャリア支援に影響を及ぼしているものもあります。そのため理論の大きな流れを把握すれば、各大学で行われているキャリア支援プログラムの現状や課題を認識するうえで役立つでしょう。

以下では、理論の流れを**職業選択理論***、キャリア発達理論、キャリア構築理論という3つに分類し、それぞれの主要な理論に触れながら説明しましょう。

(2) 学生と環境をマッチングさせる

職業指導に対して初めて理論的根拠を与え、職業指導の祖と呼ばれるのは、パーソンズです。パーソンズは、ボストンの職業紹介所で若年者に対する就労支援を行っていました。その経験をもとに執筆された著書では、賢明な職業選択を行うために、①自身の適性や能力、興味とその由来を明確に理解すること、②さまざまな職種について、長所や短所、成功のために必要な条件などを分析すること、③それらを統合して合理的に決断すること、の3つの要素が必要となると主張しました（Parsons 1909）。パーソンズの提唱する理論は職業選択理論に位置づけられ、個人の特性と環境という因子のマッチングを重視したことから特性因子理論やマッチング理論とも呼ばれます。

個人の能力や興味と実際に存在する職業のマッチングに焦点をあてる考え方は、現在行われているキャリア支援においても重視されています。たとえば、大学生に用いられる職業興味検査などの心理検査は、個人の特性を理解するためのツールです。また、就職活動の初期の段階で学生に対して自己分析を行うよう指導するのも、個人の特性に気づいてもらうための働きかけです。

⑶　人生全体を見通すことを支援する

パーソンズの理論をもとに発展した特性因子理論は、当時としては画期的なものであり、現在のキャリア支援の基盤を形成した理論ですが、課題も指摘されています。特に大きな課題の１つは、個人の特性は常に変化するということです。一時点において測定した特性と職業との最適なマッチングを図ったとしても、特性が変化する限りその後も最適であり続けるとは限らないということです。

こうした特性因子理論に対する批判を踏まえながら展開されたのが、スーパーに代表されるキャリア発達理論なのです。スーパーのキャリア発達理論は、1950 年代以降に体系化されていきました。スーパーは、人間は「子ども」「学生」「市民」などのさまざまな役割を生涯にかけて遂行することにより、働くことに対する能力や興味、価値観を発達させていく存在であるとしています。こうしたスーパーの理論は、目先の職業選択のみに注目するのではなく、どのように将来を過ごしたいかといった人生設計も含めてキャリアをとらえる重要性を示しているのです。

現在のキャリア支援では、**ワークライフバランス***という言葉に象徴されるように、職業人以外の役割にも焦点をあてながら、学生の進路選択に対する支援を行うことが一般的です。スーパーのキャリア発達理論は、職業的なキャリアに焦点があてられがちだった従来の就職支援を拡張し、キャリア支援へと発展させたのです。

⑷　学生自身の意味づけを重視する

最後に、2000 年代頃から展開されているアメリカの心理学者サヴィカスに代表されるキャリア構築理論を紹介します。サヴィカスは、スーパーによるキャリア発達理論をさらに発展させ、それを理論化しました。

サヴィカスは、不確実な社会においては、何らかの職業に就くことに対して社会的、客観的な意味を与えるのが困難となってきていると考えました。仮に、本人の能力や興味に合致した職業に就いていたとしても、社会の状況によって予期せぬ転職を迫られる事態もあります。だからこそ、何らかの進路選択を行う際に、その選択に対して本人がどのような主観的意味づけを行うのかが重要であると主張したのです。

サヴィカスの理論の中でも主要な概念としてあげられるのは、キャリア適応性です。サヴィカスは自己のキャリアに対する価値観や姿勢について、スーパーが提唱したキャリア適応性という概念を引き継ぎ、理論的に発展させました（Savickas 1997）。サヴィカスによれば、キャリア適応性とは、「現在、そして今にも生じうるキャリア発達上の課題、職業上の移行、そしてトラウマに対処するためのレディネスや資源を示す心理社会的な概念」であるとしています（Savickas 2005）。本人が予想もできない選択を迫られることもある現在の社会の中で、置かれた環境の中でいかに自己を実現するのか、その際に、自らがその選択を自分のものとしていかに納得させていくか、そのために必要な資質こそがキャリア適応性なのです。

こうした考え方は、キャリアカウンセリングの方法などに影響を与えています。具体的には、ナラティブと呼ばれる自己の語りや質的なアセスメントを重視したキャリアカウンセリングの手法が評価されるようになってきています（下村 2015）。

3　キャリア支援を実践する

(1)　一般的な支援の流れを理解する

それでは、実際にどのようなキャリア支援を展開できるのでしょうか。ここでは、一般的なキャリア支援プログラムを、低年次の学生向けの支援と、高年次の学生向けの支援に分けて確認しましょう。

低年次の学生向けの支援としては、主に正課教育を中心として**社会人基礎力***に代表される**汎用的能力***を身につけたり、将来の人生設計を考えたりするプログラムの提供や開発があげられます。汎用的能力を身につける具体的なプログラムとしては、企業から講師を招いて実施される課題解決型の授業科目などがあげられます。また、人生設計を考えるプログラムとしては、卒業生を招いて大学時代の過ごし方と現在の職業や家庭生活の様子を語ってもらうものなどがあげられます。

高年次の学生向けの支援としては、就職や進学といった卒業後の進路を踏まえた具体的な支援が求められます。就職活動のプロセスに対応した支援は多くの大学で実施されています。就職活動は、一般的に、①自己分析、②業界研究・企業研究、③エントリー、④筆記試験、⑤面接の順番で進んでいきます。これらのイベントに対応する形で、個人や集団に対する支援プログラムが提供されています。

なお、企業への就職という選択をする学生が多数派を占める一方で、それ以外のさまざまな選択をする学生がいることについても配慮が必要です。学校教員や医療系の職種を選択する学生、公務員を選択する学生、海外での就職を選択する学生、起業を選択する学生などもいます。それらの就職活動のプロセスは、一般的な企業の場合と異なります。また、進学を希望する学生もいるでしょう。特に高年次の学生向けの支援については、学生の多様な進路選択に目を向けることが重要です。

(2) 個別支援と集団支援を活用する

キャリア支援は、学生本人の生き方に対する支援であるため、個人のプライバシーに関与する性質をもっています。それゆえ、個人の能力や将来に対する展望、価値観などを最大限に尊重しつつ、それらに応じて個別に提供される必要があります。

ただし、個人を対象とした支援を中心に対応するにはいくつかの課題があります。たとえば、必要とされる支援のすべてを個別に提供することは現実的に困難です。個別の支援を提供するには、人的、時間的、金銭的な多くのコストがかかるからです。そのため、多くの大学で実施している個人相談では、多くの学生の支援を実施できるように、1人あたりの面談時間の上限を45分や60分などに設定している場合があります。このような上限設定は、カウンセラーやコンサルタントに対して学生が依存しすぎないようにするという教育的配慮としても機能します。

そこで、集団支援を活用することで効果的に支援を展開することが可能となります。集団支援の代表的なものとしては、就職セミナーがあげられます。集団支援にはコストを抑える以上の意義も認められます。たとえば、まったく異なる将来展望をもった学生同士が、お互いの価値観の違いを知り、自らのキャリアに対する考え方を広げることもあるでしょう。学生同士が相互に交流する機会を設けつつ、その後に個人に対する支援の場をつくるなど、プログラムの組み合わせ方も工夫できるでしょう。

個人に対する支援と集団に対する支援には、それぞれメリットやデメリットがあります。だからこそ、両者をうまく組み合わせ、支援プログラム全体を設計することが求められるのです。

(3) 正課教育の中でキャリア支援を実践する

キャリア支援を正課教育の中に位置づけることも行われています。特に、2000 年代以降に、各種の高等教育政策の展開とともに、正課教育の一部としてキャリア支援を実施する機運が高まってきました。キャリアについて考える科目を必修化したり、**インターンシップ***を単位化したりするなどの試みがあげられます。

キャリアに関する科目は、評価が難しいとよくいわれます。個人の生き方をテーマとして扱うことに加えて、複数の教員や専門家が授業を分担することが少なくないため、授業の学習目標が不明確になってしまいがちです。授業を実施する前に学習目標、評価の基準や方法などについて、授業担当者間での検討を入念に行い、合意形成を図らなければならないでしょう。

一方でキャリア支援の位置づけについて対立する立場があることを知っておくことも大切です。キャリア支援を正課教育と正課外活動のいずれに位置づけるべきかという問題は、しばしば学内において論争を生むことがあります。しかし、これについてどの大学にも共通する答えを導くことは難しいでしょう。各大学において、教育の理念や**ディプロマ・ポリシー***などに照らして、正課教育とすべきかどうかを判断することが必要になります。

(4) インターンシップの場を提供する

学生がキャリアを考える大事な機会として、インターンシップがあります。一言でインターンシップといっても実態は多様です。低年次の学生を対象として、働くことを大まかに理解するためのものもあれば、高年次の学生を対象として、特定の業界や特定の業務を体験するものもあります。大学が授業や正課外活動として機会を提供するものもあれば、学生が自主的に行うものもあります。なお、日本のインターンシップは、建前上は採用や選考とは切り離されて実施されるものですが、企業が選考の実質的なステップに位置づけている場合もあることが指摘されています（日本経済団体連合会 2020、文部科学省他 2014)。

キャリア支援としてインターンシップの機会を提供することと併せて、学生の自主的なインターンシップについても、企業を選ぶ方法、訪問時の注意点などを示すのもよいでしょう。また大学として企業に働きかけ、学生のインターンシップ先を開拓していくことも期待されます。地元での就職や特定の業種への就職を大学として特に後押ししたい場合などにおいては、インターンシップの方法の工夫によって、学生にそういった選択肢を検討してもらえるかもしれません。

(5) 学生の側に立って支援する

キャリア支援の現場では学生を巡る問題が発生するかもしれません。インターンシップや選考のプロセスでのトラブルが、企業から大学に持ち込まれる事態もしばしばあるでしょう。その際には、「学生がトラブルを起こした」という先入観をもたずに学生の話をしっかり聞き、状況を把握するのが優先です。学生の話に耳を傾けることは、ブラックボックス化された選考の場において、実際に何が行われているかを知るためにも意味があります。

一部の企業かもしれませんが、インターンシップや選考の際に学生に不適切な対応をする事例がたびたび報道されています。たとえば、インターンシップと称して、無給の労働力を確保しようとする企業もあるようです。また、採用選考で内々定を出した学生に対して、ほかの企業の内々定を辞退するよう迫るという問題も起きています。

企業には企業の側の論理があるように、学生の側にも尊重されるべき論理があります。学生の立場を尊重するよう企業に対して促すのは大学の役割です。さまざまな企業が存在する中で、学生の側に立って支援を行うべきは大学の教職員です。その責任や役割を十分に理解して、学生や企業と向き合うことが求められます。

なお、学生の側に立って支援をするための具体的な方策として、内定者などの先輩学生にサポーターとしてかかわってもらうという取り組みがあります。学生サポーターとともに支援を実施することを通じて、学生の側に立った支援を展開できるだけでなく、大学職員から実態が把握しづらい就職活動の一端を把握することができます。

4　大学内外で連携を推進する

(1)　学内の部署と連携する

キャリア支援を実施するためには、学内のさまざまな組織との連携が欠かせません。キャリア支援を担当する教職員は、学内にどのような資源が存在しているのかを、熟知していることが求められます。

まず、学部などの教員組織との連携を図るようにしましょう。日常的に学生と接点の多い教員を通じて情報を発信してもらうと、事務組織から発信する情報にアンテナを張っていない学生にも情報が届きやすくなります。また、社会で活躍している卒業生を招いてプログラムを実施するときなどにも、卒業生とのネットワークをもっている教員の協力は取り組みの推進力となります。もちろん、キャリアに関する取り組みを正課教育で実施していく際には、教員の理解や協力が不可欠です。そのほかにも、進学を想定している学生が特定の専門分野に関する相談を希望する場合には、該当する専門分野の教員を紹介できるとよいでしょう。

また、学内の専門家や他部署との連携もとても重要です。たとえば、個別相談の場で、ある学生の就職や進路の問題について掘り下げていくと、家族関係や学習上の問題にぶつかることがあります。そのような場合に、カウンセラーをはじめとした専門家とキャリア支援を進めていく必要が生じることもあります。留学生など多様な学生のキャリア支援においても学内での連携が求められます。また、大学の同窓会組織を所管する部署と連携できれば、社会に出ていった卒業生とのネットワークをキャリア支援に活用しやすくなります。

(2) 公的機関と連携する

キャリア支援が、学生を社会へと送り出すための支援であることを踏まえれば、学外の資源に頼らずに支援を提供するのは困難です。キャリア支援の実施にあたっては、学外のどこに資源が存在するのかを十分に理解しておく必要があります。学外の資源は、行政機関などの公的機関と企業などの民間機関に大別できます。

公的な機関としては、厚生労働省が所管する、若年者向けの支援に特化したハローワークや地域若者サポートステーション、各都道府県が所管するジョブカフェなどがあげられます。地域若者サポートステーションやジョブカフェでは、学校を中退あるいは卒業した若年者向けの就業体験プログラムなど、就業力を育成するための支援も提供されています。

さらに、障害のある学生に対する支援については、ハローワークに加えて、地域障害者職業センターや障害者就業・生活支援センターなどがあげられます。これらは、厚生労働省や各都道府県から社会福祉法人やNPO 法人などに委託される形で運営されている事業です。障害のある学生のキャリアを支援するには、こうした公的機関と連携することが望まれます。

大学の周辺や学生にとって利用しやすい範囲にどれだけの機関があり、どのような支援が提供されているのか、どういった連携の可能性がありえるのかを把握しておきましょう。

(3) 民間企業と連携する

キャリア支援には多くの民間企業が参入しており、それらに頼らずに支援を行うことは難しいでしょう。キャリア支援に関するインフラの中核を民間企業が担っているのが現状です。

たとえば、求人・企業情報の提供や、求人に対して学生が応募するための機能を備えた求人ウェブサイトが複数の民間企業によって整備されています。多くの学生と企業がそれらのウェブサイトに登録することによって、大部分の就職活動が成立しているのです。また、汎用的能力などを測定するためのテストや就職活動において用いられる適性検査を、民間企業が開発している場合もあります。

これらのサービスの利用は学生自身の進路選択の際に有益なため、大学としても学生に対して利用を促すのが望ましいところです。しかし、あくまでも民間企業によるサービスであることを踏まえると、それらのサービスがどのようなものであり、本当に学生のためになるものかどうかについて注意しなければなりません。学生や大学の負担するコストについても確かめておきましょう。

近年、ある人材派遣企業が、運営するウェブサイトを通じて人材募集を行っていた企業に対して、利用した学生の許可を得ずに、その学生の**個人情報***を活用したサービスを販売していたことが明らかとなりました。結果として、一部の大学においては、同人材派遣企業が提供するウェブサイトの利用については、学生に対して推奨しないという対応をとっています。

インフラの中核を担う公共性の高い事業を展開しているとはいえ、民間企業は利益を追求する性格を失うことはありません。それぞれのサービスが、本当に学生のキャリア支援に資するものであるかどうか、キャリア支援を担当する職員は常に問い続けなければなりません。同時に、大変難しいことですが、そうしたサービスに頼らない支援を提供できるよう検討する必要があるのかもしれません。少なくとも、複数のサービスを併用するような体制をとるなど、どこか一社のサービスに依存している状況をつくらないようにしましょう。

(4) 外部の人材を活用する

キャリア支援の現場では、一定の専門的な能力をもった人材が必要とされます。たとえば、キャリアカウンセリングに関する資格をもった者や、さまざまな企業とのパイプをもった者などがあげられます。

大学に所属する職員に対して研修を行うことにより、専門性を高めることもできますが、学外から一定の専門的な能力をもった人材を雇用する大学も少なくありません（日本学生支援機構 2020）。たとえば、企業などの人事担当経験者や就職支援関連企業などの経験者をさまざまな職種で雇用することがあります。キャリア支援を担当する部署では、一般的な大学の部署と比べると多様な背景をもつ異職種の職員がともに働く場面が多いでしょう。

このような部署で働くうえで気をつけるべき２つのポイントがあります。まず、多様な職員がいることで、その組織が何を目指しているのかといった目的意識がバラバラになる可能性があります。その大学のキャリア支援が何を目指しているのか、その際に大学での学びとの関係をどのように考えるのかなど、お互いの認識を対話によってすりあわせていく意識をもつことが大切です。

次に、外部の人材を活用することの課題を意識することも重要です。特に、外部の人材を嘱託職員などの期限付きの職種で受け入れ、さまざまな専門的な支援を完全にゆだねてしまうと、組織全体にキャリア支援のノウハウが蓄積されないことになってしまいます。必要な部分で外部の人材のもつノウハウを活用しつつも、内部の人材と外部の人材とが業務をともにしながらノウハウを学べるような仕組みづくりが必要となります。

第10章　多様な学生の支援

1　多様な学生を支援する意義を理解する

(1)　多様な学生にとっての障壁を取り除く

大学には多様な学生がいます。多様な学生という言葉から、障害のある学生や留学生などが想像されやすいかもしれませんがそれだけではありません。たとえば生計を立てるための仕事や育児などと大学での学習を両立させている学生がいます。また、経済的に困窮している学生や、その家庭で初めての大学進学者である**第一世代***といわれる学生がいます。

多様な学生には自分の力ではどうしようもない事情で、大学生活に障壁が生じることがあります。たとえば、留学生であれば言語の障壁があるかもしれません。また、第一世代の学生は、大学生活に関する情報の不足が学生生活を送るうえでの障壁となることがあるといわれます。それぞれの事情に起因する障壁によって、学生が大学生活にうまく適応できなかったり、学習が進められなくなったりしてしまうことがあります。したがってこれらの障壁を取り除き、多様な学生が安心して学習できるような支援が大学には期待されているのです。

(2)　なぜ支援が求められるのか

多様な学生を支援することは教育機関としての大学が取り組むべき課題です。日本国憲法や**教育基本法***によると、個人の属性、障害の有無、経済的理由などによって教育上の差別が生じることは避けなければならないとされています。このように大学には、すべての学生が卒業まで安心して学習を続けられるよう、支援を行っていく責任があるのです。

多様な学生がいるキャンパスには活気が生まれます。大学生活で学生が自分と異なる背景をもつ学生と接することは、今まで知らなかった世界やものの見方を広げる機会になるでしょう。多様な学生との関係の中で学生の幅広い発達は促されます（Chickering & Reisser 1993）。すべての学生を尊重し、その活動を後押しする支援によって、大学での学習は豊かになるはずです。多様な学生が場を同じくして学び合える教育理念は**インクルーシブ教育***と呼ばれ、その実現が望まれています。

(3) 特定の部署だけの課題ではない

大学の中には障害のある学生や留学生をはじめとした学生への対応を担う部署があるために、多様な学生の支援は自分に関係が薄いように思われる人がいるかもしれません。しかし、多様な学生の支援は専門家や専門部署にゆだねておけばそれでよいというものではありません。

学生とかかわる部署であれば、日常業務の中で多様な学生と接する機会はいつでも生じます。もしかしたら、どのように接したらよいかわからないときがあるかもしれません。しかし、その学生はまさにそのとき、支援を求めているかもしれないのです。多様な学生の抱える事情を踏まえ、その気持ちを理解して接することが求められています。

2 支援のための指針を理解する

(1) 学生を個人として尊重する

多様な学生を支援するために心掛けておくとよい指針がいくつかあります。その１つはそれぞれの学生を個人として尊重することです。自分と異なる他者をありのままに理解しようとし、自分との違いを認める態度といえるかもしれません。

学生を特定の集団の一部として、勝手な想像に基づいた言動を行うべきではありません。たとえば、当該学生の話を十分に聞かずに「あなたは障害があるから○○をするのは難しいはずだ」などの決めつけを他者が行うことは、善意からであってもその学生を当惑させてしまうおそれがあります。また、書類上の性別から判断して、学生を「〜くん」や「〜さん」と呼び分けるのではなく、一律に「〜さん」と呼ぶことは学生がもっている性のあり方を尊重した対応となるでしょう。

この視点から大学の行う情報発信を検証することができます。大学が作成した広報物や SNS などで特定の集団に対する決めつけを行っていないかをチェックするのは重要です。「医者は男性で、看護師は女性」のように、性別と職業を安易に結びつけていないかなどに注意してみましょう。

(2) 学生がもつ不安をやわらげる

多様な学生がもっている不安をやわらげることも大切です。学生は大学生活の中でさまざまな不安を抱いています。学生の抱える不安は、しばしば学習を阻害したり、大学への不適応を引き起こしたりします。特に自分が周囲の多くの学生と違うと感じたときに、学生の不安は一層大きくなるおそれがあります。男子学生の多い学部における女子学生、高校を卒業してすぐに進学した**伝統的学生**＊の中の社会人学生などが、大きな不安をもっていることがあるかもしれません。

このとき学生が抱く不安は「自分がここにいてもよいのだろうか」というものです。この不安は入学から卒業までの数々の場面で生じうるでしょう。表面化していなくても学生が不安を覚えている可能性があります。不安をやわらげ、大学としてあらゆる学生を温かく迎え入れるよう心掛ける必要があります。

大学職員は、不安が特に大きい時期の学生に接することが多いといえます。入学時や新年度のはじまり、留学生の入国直後は、学生と教員の関係も希薄です。したがって、大学職員が唯一の拠り所になることもあるでしょう。これらの時期においては特に落ちついて学生の言葉に耳を傾け、穏やかな対応によって、学生の不安をやわらげるようにしましょう。

(3) コミュニケーションを工夫する

多様な学生と接する中でコミュニケーションの問題は特に大きく感じられるかもしれません。英語での会話に不安があったり、意思疎通に障壁のある学生への対応に戸惑ってしまったりする人もいるかもしれません。コミュニケーションについて考えておくことは多様な学生と接するうえで大切になるでしょう。

すぐにできる工夫もあります。ゆっくり話したり、口を意識的に大きく開けて話したりすることで伝わりやすくなるでしょう。また、筆談用の器具を準備することで、口頭でのコミュニケーションに不安のある学生は安心できます。

日本語を母語としない学生には、**やさしい日本語***といわれる平易な日本語表現を活用することができます。これによって日本語の学習途上にある学生にも情報を伝えることができます。この考え方は口頭でのコミュニケーションでも応用できます。たとえば、「記入してください」ではなく、「書いてください」とすることで、同じ内容でも伝わりやすくなります。やさしい日本語に関するマニュアルや辞書は公開、出版されているので、参考にするとよいでしょう。

(4) 学生と専門家を適切につなぐ

多様な学生の支援にはしばしばカウンセラーをはじめとした専門家の支援が必要になることがあります。大学内外の専門家や専門部署との連携は、多様な学生の支援にとって非常に大切です。

ただし、学生を専門家の支援にゆだねるときの対応は慎重に行わなければなりません。普段対応にあたっている大学職員が、専門家への面談を軽率に促してしまうことで、学生が「自分はたらいまわしにされている」「問題がこんなに大ごとになってしまうなんて」と感じてしまうことがあるかもしれません。このような状態では専門家の支援を学生が前向きに受け入れることは難しくなってしまいます。

したがって、学生と専門家の間を適切につなぐことが求められます。たとえば、専門家の支援の必要性や、その支援を受けるのは特殊ではないことなどを、学生に丁寧に説明するとよいかもしれません。ほかにも学生の心理的障壁を抑えるために、プライバシー保護について約束する、初回の専門家との面談には同行する、といったことも考えられます。学生の家庭と連携をとっておくことも大切になるでしょう。本人の同意のもとに学生と専門家の間を適切につなぐことも大学職員ができる大切な支援になるのです。

(5) 多様な学生への配慮を促す

学生や教員、ほかの職員に対して多様な学生への配慮を促すことが求められる場面があるかもしれません。ただし、個人の価値観などにもかかわるため、直接的に他者に指摘や注意をするのが適切でないことも多いでしょう。そういった中でできることには何があるでしょうか。

１つの方法として、多様な学生について自分がどのように考え、どのような言動を意識しているかを折に触れて伝えていくことがあるかもしれません。たとえば、学生を前にしたときに、「性別にかかわらず、『さん』づけで呼びます」と一言添えるのもよいでしょう。

一方で、多様な学生の大学生活を阻害するような不当な差別に直面したときは、毅然とした対応が必要になります。たとえば、キャンパスで差別的な落書きがなされたときに迅速に対応しなければ、その大学は差別を容認しているという暗黙のメッセージを学生に発していることと等しくなります。大学としての姿勢を示す意味でも真摯な対応が求められます。

(6) 意識的に学習する

多様な学生の支援はとても複雑な課題だといえます。多様な学生はそれぞれ異なったニーズをもっています。また、これまであまり注目されなかった事情を抱えた学生が少しずつ関心をよぶこともあり、多様な学生の内実が、時代とともに大きく変化しているのも課題を複雑にする原因の１つかもしれません。

そこで、多様な学生の支援のあり方について意識的に学習を続けていくことが必要でしょう。特に日々の学生対応から多くを学習できるはずです。日々の学生対応の場で学生の反応をよく観察し、自分自身がどのような学生にどのような言動をとっているかを振り返りましょう。ここから自分が知らずに抱いていた偏見に気づくかもしれません。また同僚や先輩などの助言からも多くを学べるでしょう。

文献や研修などによる学習ももちろん役立ちます。性的少数者や障害のある学生などそれぞれの事例に即した支援について、専門的な知識を得ることができるでしょう。他大学での実践事例から学べることも多くあるはずです。また**日本学生支援機構***などの学生支援関連機関が提供する各種ガイドラインを参照するのもよいでしょう。

3 環境や制度を整備する

(1) 大学の支援方針や体制を理解する

大学は組織として多様な学生のための環境や制度の整備にあたっています。たとえばバリアフリー化などキャンパスの整備や専門部署や専門職員の配備、ほかにも学習や生活にかかわるさまざまな制度を整備することもあるでしょう。これらの組織的な支援の活用を学生に促すだけでなく、支援のあり方について検証を通じて改善したり、新たに必要と考えられる支援を準備したりすることも大切です。

多様な学生の支援を支えている大学の方針を理解することは、組織的な支援を考える出発点になるでしょう。教育理念において、多様な学生が差別されることなく大学生活を送れることを保障している大学もあります。また、**アドミッション・ポリシー***において多様な学生を積極的に受け入れる方針を示すこともあります。ほかにも、より具体的に多様な学生の支援の方針を掲げ、どういった支援を、誰が、どのように実施しているのかを詳細に記している大学もあります。

所属大学の支援体制にも通じておきましょう。カウンセラーをはじめとした専門家や、学生相談室などに代表される専門部署、関連する学外機関、学部や学科で学生支援を担当する教員などです。多様な学生の中には大学が提供する支援についての情報を自力で得られない学生もいます。そういった学生のためにも所属する大学の支援体制の全体像や、支援に関する情報がどこにあるのかといったことは把握しておきましょう。

(2) ユニバーサルデザインを志向する

組織として多様な学生を支援するうえで**ユニバーサルデザイン***を志向することはとても重要です。ユニバーサルデザインとはすべての人に使いやすい設計という意味で、建築物だけでなく制度設計などにも応用できる考え方です。

ユニバーサルデザインの考え方を活かせる場面は日常でもたくさんあります。書類などの文字を大きく読みやすいフォントにすることで、視力が低い学生だけでなく、すべての学生にとって読みやすくすることができます。あるいは通路に置くものを最小限にとどめ、広いスペースを確保することで、多くの学生が安全に行き来することができます。これらもユニバーサルデザインの考え方を応用したものといえるでしょう。

またガイダンスなどの内容を動画として配信することでより多くの学生に使いやすくできます。動画であれば、字幕を入れることで聴覚に障害のある学生にも内容が理解できるだけでなく、すべての学生が場所を選ばずに情報を得やすくなるからです。特に重要度の高い情報について

は情報を提供する方法にユニバーサルデザインの考えを取り入れることで、多様な学生にも伝わりやすくなるでしょう。

(3) カリキュラムを通じて理解を促す

カリキュラム*の中に学生が多様な学生について理解する場をつくるのも大切です。人間の多様性を扱う授業は多くの専門分野で開講されています。ある人々にかかわる歴史や社会的な背景に関するものや、ある人々を対象とする医療や支援に関するものなどです。それぞれの分野の専門性に基づいた内容であるため、深く学ぶことが期待できます。たとえばこれらの授業を専門や学部にかかわらず広く学生が受講できるようにすることで、多くの学生に学習の機会を提供できるでしょう。多様な学生自身にとっても自己理解を深める機会になります。特に重要だと考えられる内容については**初年次教育***などに組み込むこともできるかもしれません。

また授業を外国語で行ったり、各種メディアを活用したりすることによって、多様な学生と学び合う場をカリキュラムに取り入れることもできます。多様な学生と学び合う意義は、単に異なる背景をもつ他者を理解するだけではありません。そのような他者とどのように協働していくべきかを模索し、さらに多様な背景をもつ人々と同じ社会でともに生きていくことについて深く考える機会になるでしょう。

(4) 多様な学生の交流を促す

多様な学生が相互にかかわりあえる環境を意識的につくりだすことも、組織的な支援になるでしょう。さまざまな場面で、多様な学生の人的交流を促しましょう。交流を通じて、学生が他者を尊重する態度を身につけることが期待できます。

正課外活動*ではたとえば、クラブ・サークル活動への参加を促すのもよいでしょう。学生のみならず学内外の多くの人々と交流できる機会になるからです。留学生や障害のある学生などの対応にあたっている部署を通じて個別に声かけを行うことができるかもしれません。

また、多様な学生が主体的に活躍できる場やイベントをつくることで交流の促進につながります。留学生が大学祭などで母国の料理や文化を紹介することは、イベントとして楽しいだけでなく、多くの学生にとっての異文化理解になるはずです。ほかにも多様な学生をめぐる現状についての講演や展示イベント、ワークショップが考えられるでしょう。多様な学生が中心となって活躍する場をつくることは大切な支援になります。

(5) 経済的な支援を行う

多様な学生の中には経済的に困窮している学生も含まれます。多くの学生が大学に進学している中で、経済的に困窮している学生が一定数存在しています。大学進学に家庭の支援を得られず自身で学費を準備しなければならない学生もいるでしょう。そのための過度なアルバイトなどで授業への出席ができないという事態が起こりえます。経済的な支援制度は、多様な学生の支援において重要な役割を担っているのです。

日本学生支援機構による**奨学金***がよく知られた支援ですが、ほかに大学独自の奨学金を設定している事例も多くあります。家計状況や成績に応じた授業料の減免は代表的な経済的支援です。学習に必要なパソコンなどの物品を貸与することも考えられます。過度に高価な書籍を教科書に指定しないよう教員に求めることや、図書館にそうした書籍を入れるなど、学生の経済的負担を抑える工夫を多くの場面で検討できるでしょう。

4　合理的配慮によって支援する

(1)　特別な対応が必要な場面もある

多様な学生にはそれぞれ個別の事情があるため、どうしても特別な対応が必要なこともあります。ある学生個人が、ほかの学生と同じように大学生活を送るために、特に手厚い支援を必要とする場面があります。たとえばノートテイクやパソコンテイクといった支援は、それによって身体に障害のある学生がほかの学生と同じ条件で授業を受けることができるのです。

すべての学生を一律に扱わなければならないと考える人もいるかもしれませんが、多様な学生にとってそれは必ずしも適切ではないでしょう。一律な対応が行き過ぎることで、かえって多様な学生への配慮を欠いてしまうことにもなりかねません。必要に応じて個別に対応することも、多様な学生の支援の重要な選択肢の1つです。

(2)　合理的配慮を理解する

学生のもつ事情、大学から提供しうる資源を勘案して、大学生活を支援する個別の取り組みを**合理的配慮***といいます。2016年の障害者差別解消法施行によって、役所や事業所などに合理的配慮が求められるようになりました。「障害者の権利に関する条約」において合理的配慮は、「他の者との平等を基礎」としたうえで「必要かつ適当な」ものであり、また「均衡を失した又は過度の負担を課さないもの」とされています。過剰な配慮は避けるべきとされ、配慮が組織として実現可能であることも重要です。実現が難しい場合には不可能である旨を当該学生に明確に伝え、代替措置などを提案することが求められています。

合理的配慮にはさまざまな方法があります。たとえば、車いす専用のトイレを設置するなど、設備面の対応があげられます。ほかにも介助員やパソコンテイク、ノートテイクのための人員の配置もあるでしょう。学生の自家用車での通学を認め、駐車場所を提供することもあります。

合理的配慮とは障害のある学生の支援について用いられてきた言葉ですが、ほかの要因で大学での学びに困難がある学生にも求められる場面があるかもしれません。それぞれの学生の抱える課題に対し、できることを真摯に考えていきましょう。

(3) 学生の申請に基づき支援する

合理的配慮は学生の申請に基づいて行われます。教職員などの他者が一方的に提案するものではありません。学生の申請を契機に検討され、支援の実施について関係者間での対話が必要になります。授業での合理的配慮の申請では、授業を担当する教員と連携して配慮の実施にあたることが求められます。

このことに関連して、学生自身が合理的配慮を必要とするときのために、その学生がどこに、どのように申請を行うかについて知っておくべきでしょう。場合によっては、根拠資料や書類の作成など、学生が申請を行う過程で支援を要することもあります。担当部署や学生の家庭とも連携しながら進めていきましょう。

申請に基づいて支援を実施するのが原則になりますが、注意すべきこともあります。たとえば、支援が受けられることについて知らない学生の存在などです（森山 2020）。合理的配慮については学生に広く認知を得るように、節目に行われるガイダンスや広報物で周知を図るようにしましょう。どのような支援が受けられるのかを具体的に示すのもよいでしょう。また、必要とする学生に適切な支援が提供できるよう、大学側からの働きかけも検討するべきかもしれません。

コラム　自分の中の偏見に気づく

「偏見をもって人に接するのはよくない」と口にするのは簡単ですが、そのように実際に行動することは難しいと日ごろ感じてしまいます。悪意や敵意がないとしても、そのような言動をとってしまっていたのではないかと、後になって気づくことはしばしばあるように思います。もちろん、偏見から差別的な言動を行うことは許されるべきではありません。ただ、偏見が気づかぬうちに自分の中にあるとしたら、無意識に差別に加担しているということも起こりえるかもしれません。

差別ほどではなくても、ある人々に対する心ない言動の中には実際、悪意なしに生じているものも少なくないでしょう。こういった事態は多くの場合、自分の中の前提が他者にとってもあたりまえだと思ってしまうところに起因しているのかもしれません。かつて、対応した学生に「お母さんにはどのように話したのですか」と何気なく口にしたところ、学生からは「母は今いません」と返されたことがあります。学生の返答の真意はどうであれ、家族構成ひとつをとっても、学生の抱える事情は自分のあたりまえとは異なることに気づかされました。

偏見や思い込みにはいろいろな原因があるでしょう。育ってきた環境によるものなのかもしれません。あるいは、世の中に流布している情報を安易に信じてしまっているせいかもしれません。自分の中の偏見や思い込みに気づくために、このことを意識して振り返ってみるとよいでしょう。自分は偏見なんてもっていないと決めつけることなく、振り返って考えることが、多様な学生に接するうえで大事なことだと感じています。

第11章 教育環境の充実

1　教育環境の役割を理解する

(1)　教育環境の効果を理解する

どれだけ卒業から月日が経っても、自分の大学のキャンパスについては忘れられない光景がありませんか。久しぶりに母校を訪ね、友人と一緒に学んだ教室や図書館の変わらない光景に学生時代を懐かしく感じることもあるかもしれません。

大学にとって教育環境を充実させることは重要です。**大学設置基準***の第40条第3項において、「大学は、その教育研究上の目的を達成するため、必要な経費の確保等により、教育研究にふさわしい環境の整備に努めるものとする」と定められています。

教育環境を充実させる意義は、そこにいる学生や教職員の行動に影響を与えるからです。たとえば、教室の机が固定されていると授業の中のグループワークはやりづらいかもしれません。あるいは、キャンパス内に学生間で議論できる場所があれば、学生はそのような場所を活用するようになるでしょう。

(2)　安心と安全を確保する

学生は、1日のうち7時間以上を大学で過ごしているという調査結果があります（浜島 2014)。**正課教育***や**正課外活動***などで多くの時間を学生はキャンパスで過ごしているのです。したがって、学生にとって1

日の大半を過ごすキャンパスを安心して学習できる場所にすることが大学に求められています（Strange & Banning 2015）。

実験、レポート作成、図書館での自主学習、クラブ・サークル活動で、夜遅くまで学生が学内に残ることがあります。夜間は残っている教職員の数も限られているので、特に安全面に配慮しなければなりません。そのため、キャンパス内の照明の保全整備や学生証などによる入室管理といった対応も重要になってくるでしょう。

安心して過ごせる環境にするには、教職員の日常生活の中のちょっとした配慮も大切です。たとえば、学内を歩いていて設備や備品などの破損に気づいたら、担当部署に連絡したり、学生に注意を促したりすることで大きな事故を回避できるかもしれません。

また、学生生活を送る中で、体調を崩したり悩みを抱えたりする学生が、気軽に利用できるように、相談窓口の場所を示した地図や看板を整備しておくとよいでしょう。教職員がそれらの学生相談の窓口や連絡先、利用方法を知っておくことで、とっさの対応が可能となるでしょう。

(3) 望ましい学習を促す

教育環境は望ましい学習を促します。望ましい学習の形は、時代とともに変わります。近年では、教授から学習への転換が進められ、教員が何を教えたのかよりも、学生が何を学習したのかという点が重視されるようになってきています。

現在、**アクティブラーニング***という用語に代表されるように、グループで議論し、課題解決を図る学習が積極的に推奨されています。こうした授業を一方向的な講義を想定した固定式の座席の教室で実施することには限界があります。アクティブラーニングを推進したいと考えるなら、学生相互の議論がスムーズに運ぶように配置することができる可動式の机や小型のホワイトボードなどがあるとよいでしょう。教育環境は学生の望ましい学習を促し、大学の教育目標の達成に重要な役割を果たしているのです。

(4) 人々を結びつける

大学の教育環境によって、人々を結びつけることもできます。大学のキャンパスは、学生、教員、職員のみならず地域住民の活発な交流の場として機能しています。授業であれば学生同士や学生と教員、図書館では利用者と司書など、それぞれの環境でそれぞれの関係者が相互に結びつきます。この結びつきを促進するのが教育環境の役割です。

人々が結びつくことは教育活動としてもよい影響があります。かつての大学では、教員が学生を自宅に招いて食事や議論を通じて親交を深めるといったことがよく行われていました。このようなインフォーマルな交流の場が学生の学習や発達を促す要因となっていたのです。これと似たような場を現在の大学のキャンパスの中につくり出すことも教育機関として大事なことです。

(5) 大学の魅力を発信する

大学の教育環境は学生募集に大きな影響を与えます。**オープンキャンパス***などの機会に大学を訪れ、その恵まれた環境に感動して進学を決める学生も少なくありません。大学受験時の意識や行動を明らかにする調査によれば、約2割の学生が、大学の入学理由としてキャンパスの雰囲気をあげているようです（ベネッセ教育総合研究所 2016)。実際、大学のウェブサイトや広報資料を開くと、学内の施設・設備の写真が掲載されていることが多いでしょう。広いキャンパス、24時間活用できるパソコンルーム、充実した図書館、使用できる運動施設などは大学選択の際の魅力として映るでしょう。教育環境には大学の魅力を発信する広報としての側面もあるのです。

2　教育環境を整備する

(1)　個人のための空間を提供する

教育環境はさまざまな学生のニーズにあわせて提供するべきものです。たとえば、学生個人の学習空間を提供することは重要なことです。書籍や資料に目を通して、じっくりと考えるための１人の空間を求めている学生は少なくありません。図書館や学生自習室は個人での学習を可能にするために静かな環境を維持することが必要です。

また学習以外でも１人になれる空間を創れるような工夫も望まれます(Strange & Banning 2015)。いくつかの大学では、学内のベンチや食堂の椅子の配置が、個人でもグループでも利用できる形態になっています。

(2)　グループの学習を促進する

グループで協力して学習するための環境を整備することも重要です。教員が授業の中で、グループによる発表や調査などの課題を与えることがあります。課題を行うためには、グループによる綿密な準備が必要です。学生は複数回集合して、発表や調査のための準備にあたります。こういった活動のためには、複数人で使える机や会話をしてもよい空間が必要です。

ラーニングコモンズ*では、文字通り学習するための共同施設として、事典や図書資料、パソコン、プロジェクター、ホワイトボードなどの機器が配備され、自由に活用できます。ラーニングコモンズとまでいかなくても、グループで自由に使える場所があれば学生たちは利用してみようと考えるでしょう。図書館内などにグループ学習に利用できるスペースが設置される大学も少なくありません。

個人での学習の場とは異なり、話ができるスペースであることから管理には配慮すべきでしょう。学習にまったく関係のない利用や備品の粗

雑な扱いがないように、ある程度のルールを設けて学生に周知しておくとよいでしょう。

(3) 学習のための資料を整備する

学生にとって図書や雑誌をはじめとした学習資源も教育環境の重要な要素になります。現在では、DVD をはじめとした視聴覚資料、オンラインジャーナル、電子書籍といった資料も図書館で扱っています。これらの多様な資料の利用を促進するために、ガイダンスを行う大学も多くあります。

図書館以外にも、学生支援にあたる部署で、学生が利用できる資料を置くこともあります。キャリア支援の部署に就職活動のための書籍や雑誌を揃えるなどです。その部署を訪れる学生のニーズに応えられるような資料の整備を検討しましょう。

また貴重な資料を管理する博物館や美術館を擁している大学では、これらの資料へのアクセスを促すことでその大学独自の学習経験を提供できます。近年ではそういった貴重な資料を単に保管、展示するだけでなく、デジタルアーカイブ化する大学も増えています。資料をオンライン上で気軽に見ることができ、現物に触れずに拡大や縮小まで自在に行い、資料を詳細に確認することが可能になります。

学生の学習を支援することを目的として、語学や国家試験などの問題をオンライン上で学習できる仕組みを整備する大学も見られます。この取り組みも学生に多様な学習資源を提供している事例といえるでしょう。

(4) ICT 環境を整備する

ICT の進展は、大学教育の現場に大きな影響を与えています。従来の授業では不可能であったり、コストなどの点から困難であったりすることを実現できる可能性があります。

具体的な例をあげましょう。かつては、ある授業で教員が課題を提示し、学生はそれを聞いて家に持ち帰り課題をこなし、翌週の授業で提出していました。そして、その提出した学生の課題を教員は、その翌週に**フィードバック***していました。このように1つの課題に授業3回分の期間がかけられていたのです。しかし、現在の ICT 環境ではこのプロセスを大幅に時間短縮できます。教員の課題の提示に対して、学生は課題を完成させた直後にオンライン上で提出することができます。教員は提出された課題をチェックし、すぐにフィードバックすることができます。このように ICT は、記憶が十分に残っているうちに学生へフィードバックを与えることができるのです。

現在では、事前に収録した授業動画の提供、遠隔地にいる学生との同期型授業、**BYOD***を前提とした授業などは多くの大学において取り入れられています。また、感染症の拡大の影響などでキャンパスに通学できない場合でも、ICT 環境によって授業を実施することもできます。

ただし、ICT 環境を整備する際には、パソコンを所持していなかったり、自宅からインターネット接続ができなかったりする学生がいることに配慮しましょう。そのような学生のために、パソコン室の開放や共用パソコン貸与の制度を整えておく必要があるでしょう。

(5) 学生寮を整備する

学生寮というと、住居費を節約するための手段としてとらえる人が多いかもしれません。確かに、民間のアパートやマンションと比較すると、賃料は格段に安価な場合が多いでしょう。

学生は経済的な理由で学生寮を選ぶことが多いですが、学生寮には教育効果もあります。学生寮を単に生活の場としてとらえるだけでなく、学生の学習や発達の場としてとらえることができます。さまざまな背景をもった学生との共同生活は摩擦も生まれますが、自分たちで議論しながら問題を解決する学習経験にもなるでしょう。学生寮によっては、歓送迎会、クリスマスや七夕などの季節の行事、体育祭やライブなどの寮独自のイベントが長年継続されている場合もあります。学生寮での共同生活を経験した学生の学習や発達における効果が報告されています（北澤他 2014）。

そのような意義を踏まえて、日本各地で学生寮が設置されています（日本学生支援機構 2020）。教育効果を考えて、あえて個室ではなく４人１部屋の共同生活を基本とする大学もあります。また、国際的な視野を身につけるために、留学生と日本人学生が共同で生活する学生寮も増えつつあります。

3　教育環境を改善する

(1)　学生に活用を促す

多くの学生が大学のすべての施設を知り尽くしているわけではありません。ラーニングコモンズや学習支援センターなどがどこにあるのか、またどのようにしたら利用できるのかを知らない学生も少なくないようです。

ウェブサイトでの発信やキャンパスマップの配付により利用時間、利用方法をできるだけわかりやすく伝える工夫をしましょう。実際にその場を使う機会を設けるのもよいでしょう。それぞれの施設でのオリエンテーションを開催するのも１つの工夫です。また教員が授業で図書館やラーニングコモンズなどの活用を必要とする課題を出し、学生の利用機会を増やすなど、教員との連携も考えられます。

教職員が積極的に図書館やラーニングコモンズを利用し、そのよさを直接学生に伝えていくこともできます。教職員と学生が一緒に活動するような行事を設けている大学もあります。場所がどこにあるのかがわかるだけでなく、学生同士で学びあい教職員と交流する中で、コミュニティが形成され、学生や教職員が大学への帰属意識をもつことにつながるかもしれません。

(2) 利用者の声を反映する

教育環境の改善のためには、利用者の声を収集することが重要です。そのためには、学生や教職員に対して、教室や機器の使用状況についてアンケート調査を実施するとよいでしょう。利用しているかどうかについて単に尋ねるだけではなく、利用しない理由についても聞けると有益な示唆を得られるでしょう。また、学生たちから直接意見を聞き取る機会を設けてもよいでしょう。たとえば、クラブ・サークルや学友会などの代表者や施設に関する意見をもつ学生を集めて調査するのも方法の1つです。このようなミーティングは単に学生のニーズを把握するだけでなく、大学への理解を深めるための説明の機会としても活用できます。

教育環境や設備に対する学生の意識や利用状況を行動観察や同行調査によって明らかにし、改善した事例があります（上畠 2018）。調査結果を受けて、学生に利用されていなかった場所については、グループでの学習が行えるような可動式の机・椅子の配置を行い、また利用率の低いアクティブラーニングスペースは、個別学習用のスペースへ変更するといった改善策が提案されたそうです。

(3) コスト意識をもつ

教育環境の充実には費用がかかることを常に念頭におかなくてはなりません。学生に質の高い教育を提供するために、教室の整備、実験室やラーニングコモンズなどの施設、最新の機器や設備を導入することが望ましいですが、それらには高額な費用が発生します。また導入後の維持管理のためのコストも中長期的に発生します。老朽化が進んでいる設備の修繕も無視できません。そのため、予算管理をはじめとした整備計画が必要とされます。学生支援にとって優先度の高い施設、設備はどのようなものなのかを経営戦略と併せて検討する必要があります。

持続可能な教育環境にするためには、コスト削減や効率化の方法を検討し続けなければなりません。既存の設備、備品を上手に活用することもできます。遊休品となっていた椅子やホワイトボードなどを活用し、学生が自由に学習するスペースを設置している例もあります。また、センサー付き LED 照明の導入に代表されるようなランニングコストの低減を見込める設備投資によって、中長期的なコスト削減も可能かもしれません。

一方で、建物の増改築や大幅なリフォームなど、必要と判断される設備には戦略的に投資を行うべきです。その際には、大学のビジョン、経営戦略、財務状況などを総合的に、かつ長期的な視点で踏まえなければなりません。また、財源が不足する場合には学内のみならず、学外の協力を得ることも欠かせません。学内での財源確保として、施設の修繕・維持のため研究室、実験室、講義室などの学内利用者に課金するスペースチャージ制を導入している大学もあります。また、大学の所有する施設などに命名することができる権利を企業などに販売する**ネーミングライツ***の導入により、維持管理費を確保している大学も見られます。

新たに設備投資を行う場合には、それが学生の学びにどのような効果をもつかという教育環境としての側面や、環境への配慮やキャンパス空間と周辺地域の調和といった、大学内外の要素についても慎重に検討する必要があります。災害に対する強靭性も長期的な利用にとっては大事な要素です。数十年にもわたって使われる設備もあることから、流行や社会情勢に安易に便乗せず、大学の未来への投資と位置づけて設備投資について考えなければならないでしょう。

(4) キャンパスを社会に開く

かつての大学は、**象牙の塔***にたとえられたように社会から隔絶した

コラム 「ハコ」をつくっただけでは利用は進まない

学生の主体的な学習を促すために、どの大学でも授業内外で利用できる設備・備品にさまざまな工夫を凝らしています。最新の機材、デザイン性の高い可動式の机や椅子、自学自習のための情報機器や学習教材を完備したラーニングコモンズの新設はその一例です。新しい機器や設備、スタイリッシュな家具が完備された教室は、学生の興味・関心を引きつけるだけでなく、教員の授業へのやる気も上がります。

しかし、「ハコはつくってみたものの、まったく利用されない」と嘆く声をよく耳にします。予算を投入して立派な教室や機器を整備しても、利用してもらえなければ、意味がありません。ではなぜ利用されないのでしょうか。授業で教室を利用する教員からは「機器の操作方法が複雑でわかりにくい」「直前に使った人の設定のままになっていて、どうやって元に戻したらよいのかわからない」という声があがります。自習スペースを利用する学生からは、「Wifi が入りにくい」「付属のパソコンの動作速度が遅すぎる」「常駐している人がいれば使い方を聞けるのに」という不満や要望が寄せられます。

私の所属大学では、先日ちょっと広めの廊下スペースに、丸テーブルと椅子が設置されました。この場所を使う学生はいないと思っていたところ、その翌日には座って自習している学生の姿を見かけました。人がまばらになった午後の食堂で、大きなテーブルを使ってグループ学習をしている学生の姿もよく見かけます。使いやすいものであれば、学生は利用するのです。

つまり、実際に利用する教員や学生のニーズの把握が大切といえます。予算の制約があるのですべてを聞き入れることはできないかもしれません。しかし意見を聞くことで、高額な予算を投じなくても、ちょっとした見直しや配置を変えるだけで改善できる場合もあります。学生が有効に使うようにするには、設置して終わりではなく、わかりやすいマニュアルの作成や説明会の開催などで利用を支援しましょう。特に、問い合わせが多い教室については、マニュアルを更新することによって、そのつど担当者が教室に呼ばれる事態を少なくすることができるのではないでしょうか。

場という印象がもたれていました。しかし、近年の大学は社会により開かれたものであることが要請されています。そのため、キャンパスを社会に開放していくという方針も検討すべきでしょう。

学外の人も利用できる共同利用スペースが多くの大学で確保されています。用途や使用制限を設けない場として、学生や教職員のみならず地域住民の憩いやインフォーマルな交流の場となっています。遊歩道や広場を設けて、周辺地域とゆるやかにつながるキャンパス設計を採用している大学もあります。

また、学外の機関や企業と大学の設備を共同管理することもキャンパスを社会に開く方法の１つでしょう。大学内の設備を地域の自治体や企業と一緒に運営するものです。特に**産学連携***が進む中で、企業の出資による研究施設をもつ大学は多くなっています。これにより、企業と大学間の人材の交流も図ることができます。また、大学図書館などを地方自治体と共同で管理することで、学生のみならず地域住民の利用を促進させる試みも行われています。

学内の食堂やラウンジが交流の場として機能していることが多いですが、ほかにも体育館や運動施設を学生のみならず教職員や地域住民にも開放することで、スポーツを通じた交流を促すことができます。幅広い地域住民を対象にしたイベントを企画することもできるでしょう。

これらの取り組みは、管理のあり方やルールづくりを慎重に行うことが前提になりますが、今後のキャンパスの可能性を広げる意味で大事な取り組みであるといえるでしょう。

第12章　組織的な教育改善

1　大学教育を組織として改善する

(1)　教育における大学の裁量は大きい

高校までの教育は、**学習指導要領***において学習目標や内容が定められています。また、教科書として用いられるのは文部科学省が検定済のものです。しかし、大学に学習指導要領や決まった教科書といったものはありません。**大学設置基準***では教育課程の編成方針や編成方法の大枠が示されているものの、基本的には大学が授業や**カリキュラム***について大きな裁量をもっています。

教育における大学の裁量が大きいのは、社会のニーズに対応するためには大学の個性化や多様化が必要と考えられていることの表れです。個々の大学が自ら工夫して教育を行うことにより、社会の発展に寄与することをより一層期待されているともいえるでしょう。

(2)　組織として継続的な教育改善に取り組む

教育における大学の裁量が大きいことは、授業やカリキュラムの無計画な運営を容認するものではありません。大学として教育目的を設定し、その達成に向けた計画を立案していくことが必要です。そして、計画に基づき授業やカリキュラムを実施し、その結果を大学が評価します。長所と評価できる教育活動は、それを伸ばすための改善に取り組むことで大学の強みとなります。逆に教育活動に短所となる点が明らかになった

のであれば、短所を補うための方策を考えることが課題となるでしょう。

このような、大学が教育目的を達成するための計画から改善までの過程を管理運営することを**教学マネジメント***といいます（大学改革支援・学位授与機構 2016)。カリキュラムの編成や実施、学習成果の評価はもちろん、教室や**ラーニングコモンズ***などの施設・設備の整備や活用促進、教職員の組織体制や能力開発など、教学マネジメントにおいて検討すべき事項は広範囲にわたります。さらに、教育目標の達成のために、個々の教職員の業務上の負担が過剰なものにならないように考慮することもまた、教学マネジメントです。教学マネジメントは、学内の構成員や施設・設備の効果的かつ効率的な配分と活用を図ることであり、教育目標の達成だけを至上とする考え方ではないことには、注意しなければなりません（川嶋 2014)。

(3) 学外からも教育改善の評価を受ける

学校教育法*では、大学の教育研究などの総合的な状況について文部科学大臣の認証を受けた評価機関から**認証評価***を受けることが 2004 年から義務づけられました。学校教育法施行令によれば、大学、短期大学、高等専門学校は 7 年以内ごと、専門職大学院では 5 年以内ごとに認証評価を受けなければなりません。大学の認証評価を行うことができる評価機関として、**大学基準協会***、**大学改革支援・学位授与機構***、**日本高等教育評価機構***の 3 法人が 2000 年代に認証されました。さらに

表 12-1　大学基準協会が定める大学基準（項目名のみ）

①理念・目的	②内部質保証	③教育研究組織	④教育課程・学習成果
⑤学生の受け入れ	⑥教員・教員組織	⑦学生支援	⑧教育研究等環境
⑨社会連携・社会貢献	⑩大学運営・財務		

出所　大学基準協会（2020）

2019 年に**公立大学協会***が設立した大学教育質保証・評価センターが、2020 年に大学・短期大学基準協会が認証されています。

認証評価の対象となる項目には、たとえば大学基準協会であれば表 12-1 のようなものがあります。項目は評価機関によって異なる部分はありますが、評価機関が定めるいずれの項目も教職員個人で対応するものではなく、組織として取り組むべきものばかりです。なお、教育目的の計画から改善までの過程を繰り返すことによる教育の**内部質保証***は、2018 年から始まった第 3 期の認証評価において特に重視されるようになりました。

認証評価の結果は、評価機関のウェブサイトなどで公表されます。評価機関に改善を要すると指摘された点は、大学として速やかに対応すべきものです。重大な改善点が含まれる場合は、改善報告書を評価機関に提出しなければなりません。

なお、認証評価を受ける前に、大学として教育の質が保証されているかどうかを**自己点検・評価***します。そしてその結果を評価機関に伝えます。自己点検・評価は、評価機関が定める項目にそって行われます。認証評価に適切に対応することは、大学としての責務です。ただし、本質的には大学としての強みを伸ばし弱みを克服することにより、継続的に発展するところに目的があることも忘れないようにしましょう。

(4)　多様な部署が教育改善にかかわる

大学設置基準第 25 条の 3 では、「大学は、当該大学の授業の内容及び方法の改善を図るための組織的な研修及び研究を実施する」として、いわゆる **FD***が義務化されています。そこで、どの大学においても

「高等教育○○センター」や「○○学部 FD 委員会」といったような、教育改善をミッションとする組織が存在します。

また、ほかにも教育改善にかかわる組織は多くあります。まず、全学的な教学マネジメントの責任者は**学長***と副学長や学長補佐などで構成される大学執行部です。大学執行部を支援する事務組織として学長室などの部署が置かれることもあります。大学執行部は、教育改善にかかわる全学的な大枠を示したり、目標や計画に対するマネジメントを行ったりします。そして、入学者選抜、成績、就職、学生生活といった**教学***関連のデータを分析し、教学の意思決定を支援する**インスティチューショナル・リサーチ***を担う組織を設ける大学も増えています。

実際に教育改善を実行する組織には、たとえば全学の学生が受講する共通教育をもっぱら担う部署や、学習に直接かかわる図書館のような部署があります。また、情報システム関連の部署では、教育における ICT 活用の推進や環境整備を行います。国際関連の部署では語学力向上や留学生対象の教育プログラムを提供しています。

さらに、**正課外活動***も大学教育の一環として考えることができます。その意味では、学生支援や就職・キャリア支援関連の部署も教育改善にかかわる組織といえるでしょう。このように、大学には教育改善にかかわる多様な組織があり、それぞれの取り組みによって教育の内部質保証が図られているのです。

2　教育改善の過程を理解する

(1)　教育改善の契機は多様である

教育改善が行われるきっかけには、どのようなものがあるでしょうか。先述のとおり認証評価で評価機関が改善すべき事項を指摘した場合も該当するでしょう。こういった学外の機関あるいは法令で定められた基準が満たされていない場合は、教育改善を速やかに図らなければなりません。

ほかの学外からの要因が教育改善のきっかけになることがあります。たとえば、特定の分野や課程などの教育を振興することを目的として交付される**私立大学等経常費補助金***の特別補助もその１つです。特別補助の対象となる教育改善に取り組むことは、交付される金額の増額につながります。

市場の変化も教育改善の一因になりうるものです。2005 年に大学が**ユニバーサル段階***を迎え、学習歴が多様な学生が大学に入学してくるようになりました。多くの大学で**初年次教育***や学習支援の取り組みに力点がおかれていますが、これらは受験者市場の変化に対応する取り組みともいえるでしょう。

学内においても、さまざまなきっかけで教育改善が図られます。典型例としては、大学あるいは各学部などの執行部の構成員が変わったときや、100 周年などの節目となるタイミングといったものがあります。新しいカリキュラムの対象となった最初の学生が卒業する完成年度でカリキュラムの見直しが検討されることも多いでしょう。あるいは「５年ごとに共通教育のカリキュラムを見直す」といったように教育改善を定期的に行うルールを定める大学もあるかもしれません。

このように、教育改善はさまざまなきっかけで行われます。しかし、いずれの理由においても外せないのが、学生の学習成果という視点です。**ディプロマ・ポリシー***に掲げた目標に到達した学生を輩出するのは、大学の使命であるからです。もちろん、学習成果を高めようとするあまりに教職員の負担や費用が過剰なものになるのであれば、教育改善として適切とはいえません。しかし、負担や費用に見合う教育改善かを検討する際にも、学習成果の向上が引き合いに出されるでしょう。大学全体として最適な教育改善を行うためには、学習成果という視点は外せないのです。

⑵　卒業時の学習成果に着目する

組織的な教育改善を行うには、先だって何を改善すべきかを判断しなければなりません。そのためのもっとも基本的な方法は、卒業時の学習成果を確認することです。ディプロマ・ポリシーに定めた学習成果を学生が身につけられていないのであれば、教育改善を図る必要があります。

学習成果とは、学生が授業やカリキュラムなどにおける所定の学習期間終了時に習得していることが期待される知識、技術、態度といったものを指します（大学改革支援・学位授与機構 2016）。学習成果を測定する方法は、直接評価と間接評価に分かれます。

直接評価とは、学生の学習成果をもとに教員などが直接的に評価する方法です。授業の成績をテストやレポート、プレゼンテーションといった方法で評価することは多いですが、これらはいずれも直接評価にあたります。国家資格や免許などにかかわる試験も直接評価の一種です。

間接評価とは、何ができると思っているのかを学生自身が評価する方法です。ディプロマ・ポリシーに定めた能力を身につけているかどうかを尋ねる学生調査は、間接評価の代表例といえるでしょう。

直接評価だけでも学習成果を把握することは可能ですが、間接評価を組み合わせることにより学習行動や態度のような、その学習成果の背景にある情報を含めて把握しやすくなります。より詳細に学習成果を把握しようとするのであれば、直接評価と間接評価を組み合わせるのがよいでしょう。

⑶　学習成果の評価方針を定める

学習成果を適切に評価するためには、関連するデータをいつ、誰が、何のために、どのような指標を用いて、どういった手段を用いて収集するかを決めておくべきです。このような学習成果を評価するため共通して学内で用いる考え方や尺度は、アセスメントプランとよばれることがあります（中央教育審議会大学分科会 2020）。

アセスメントプランにはさまざまな要素があります。まず、評価の対象となる能力についてです。ディプロマ・ポリシーで示された能力のうち、どの能力をどのような指標を用いて評価するかが明示されなければなりません。いつの時点で、どの学生に、どのような方法で評価に用いるデータが収集されるのかについても決めておく必要があるでしょう。

また、学習成果の達成すべき質的水準を設定することも重要です。たとえば「国家試験の合格率○%以上」「卒業論文を評価する**ルーブリック***で4段階中3段階目以上の項目が○項目以上」といったものです。これらは絶対的な基準となるものですが、ほかにも相対的な水準もあります。たとえば、経年比較のように過去のある時点を基準にする方法です。過去と比較して国家試験の合格率は上がったのかを分析し、国家試験の合格率が数年間下がり続けているのであれば、カリキュラムの改善を検討しなければならないかもしれません。それ以外にも、ほかの学部や入学者選抜の種別、あるいはベンチマークとなる他大学のデータが基準となる場合もあるでしょう。

さらに、収集したデータをどのように教育改善に活用するのかも決めておくべきです。たとえば、学習成果の評価結果を報告する部署や委員会、教育改善の活動の方向性や体制といったことについて、大学として見通しをもっておくことが求められます。

(4) 教育改善の方向性を検討する

学習成果の評価結果をもとにした教育改善には、カリキュラムの改善、個々の授業の改善、授業外における学習支援の充実といったアプローチがあります。

カリキュラムの改善には、新しい科目を設置したり選択科目を必修化したりする取り組みなどがあります。具体的には、卒業論文のルーブリックによる評価結果から、論理的な文章を書く力が以前より低いことが明らかになった場合に、初年次教育でレポートライティングの必修科目を設置するといったものです。高校以前の内容について学習する**リメ**

ディアル教育*の機会を設ける大学もあります。

個々の授業を改善する方法としては、FD の実施があげられます。授業改善を図るための集合研修は多くの大学で実施されています。「授業デザインワークショップ」とよばれる設計、方法、評価といった授業の一連の流れについての能力開発の機会を提供する大学もあります（竹中他 2021）。集合研修以外にも、教員相互の授業見学や SCOT（Students Consulting on Teaching）とよばれる学生による授業コンサルティングが行われる大学もあります。

授業外における学習支援を充実させることにより、学習成果を高めようとするアプローチもあります。学習支援センターとよばれるレポートライティングあるいは数学・物理・化学といった専門基礎科目の学習を支援する組織を設け、教職員や**ティーチングアシスタント***が学習支援を担うのは、典型的な方法です。特定の学業不振者に対して重点的に支援する方法として、個別面談が行われる場合もあります。

3　大学職員が教育改善を促す

(1)　大学職員も教育改善の担い手である

教育改善というと、教員の仕事であると考える大学職員もいるかもしれません。たしかに、FD やインスティチューショナル・リサーチといった教育改善にかかわる組織の長は教員が担うことが多いでしょう。大学職員は従来、教員が行う教育改善の補助という位置づけが一般的でした。しかし、それだけでは十分とはいえない場合が増えてきています。社会の変化あるいは学生の多様化に伴い、教育の方法や運営が複雑なものになってきているためです。

政策においても、大学職員への期待は高まっています。たとえば、2012 年の中央教育審議会答申では、「学士課程教育をプログラムとして機能させるため」の「職員等の専門スタッフの育成と教育課程の形成・

編成への組織的参画が必要」であることが提言されています。これは教育改善への参画と、それに見合う専門性の向上を期待するものです。

教育改善への大学職員のかかわり方はさまざまですが、所属する大学にとって必要な教育改善の全体像を把握することは必要不可欠です。たとえば教務の熟達者であれば、①関連法規にそって適切に判断する、②運営上の制約条件を踏まえて判断する、③学生への教育という観点で判断する、④社会常識に照らし合わせて判断する、⑤歴史的な経緯を理解して判断する、⑥他大学の事例を踏まえて判断する、⑦マネジメントの観点で判断する、といった観点で状況判断ができることを明らかにしています（中井 2014）。

もちろん、教員との役割分担を考慮する必要があります。しかし、教育に直接関与することについて「教育は教員の役割であって、自分の担当ではない」と判断し、思考停止に陥ることは避けるべきでしょう。

(2) 学内の教育における意思決定にかかわる

学内の教育における意思決定を行うのは、教学のリーダーである学長と学長を支援する大学執行部が中心です。組織的な教育改善であれば、各学部の学部長を中心とする執行部で決めることもあります。

大学職員は、全学あるいは学部などの執行部を支援する役割を担います。**教授会***や各種委員会の資料準備、会議への陪席や議事録作成といったものは基本的な仕事にあたるでしょう。さらに、会議の正式な構成員として大学職員が出席する大学も増えてきました。大学職員が学部長補佐のような役職に就き、教学の意思決定への関与が実務の中心となっている大学もあります。

このような場面において、大学職員がどの程度提案や発言を行うかについては、組織の状況や取り扱う議題によって異なります。実際の会議において提案や発言を行うのが教員であっても、その素案をつくるのは大学職員ということは多くあります。大学全体の状況や政策動向といったような、大学職員が把握しやすい情報が必要な場合も多いためです。

したがって、教学の意思決定においても大学職員はさまざまな役割を担います。これらの役割を果たすために、教学に関連する情報を積極的に収集し、自分自身の意見あるいは提案を発信できるように準備しておくようにしましょう。

(3) 教育改善の議論の場づくりを行う

学習成果を評価したとしても、その結果が組織的な教育改善につながるとは限りません。教職員間で評価結果に基づく議論ができなければ、教育改善に向けた課題の発見やその解決策の立案は難しいでしょう。したがって、学習成果の評価結果を共有し、教育改善の議論をするための場づくりが検討されなければなりません。

学習成果の評価結果は、わかりやすい形で可視化されていると共有が容易になります。学生調査の結果を表やグラフの形で可視化する方法は、その典型例といえるでしょう。それらを教授会などで資料として配付することにより、広く結果を共有することができます。ただし、配付された資料に目を通さない教職員もいるでしょう。可能であれば、資料について時間をとって説明する時間を設けるとよいでしょう。それが難しい場合は、表やグラフとともにA4用紙1枚程度の要約を添付しておくだけでも、教職員が資料に目を通す可能性は高まります。

学生調査の結果や学内にある教学のデータをポスターの形で示す取り組みを行っている大学もあります（愛媛大学教育企画室 2015）。ポスターであれば、教授会などで資料として配付することはもちろん、学内の目立つところに掲示することもできます。教職員が学習成果の現状を目にする機会を増やす契機となるでしょう。

学習成果の評価結果について質問や意見を収集したり、その解釈について議論したりする場があると、教育改善につながりやすくなるでしょう。教授会などで議論の時間をとるのが難しい場合は、研修を実施することも効果的です。研修の中で「学習成果の高い学生は、どのような学習行動をとるか」といったテーマでグループワークを行うと、学習成果を分析する視点や教育改善で重視すべき点などについてのさまざまなアイデアが出てくるかもしれません。研修は知識習得だけでなく、議論の場としても機能させることができるのです。

(4) 学生に対する教育を担当する

大学職員は、直接教育プログラムを担当することもできます。**正課教育***においては、初年次教育やキャリア教育で直接授業の一部を担当する例も少数ながら存在します（清水 2011）。学芸員や司書などの資格をもつ大学職員が、自身の専門性を活かして授業を担当する場合もあります。

また、直接授業を担当しなくても、共通教育科目の内容を検討したり、学生が提案する科目をコーディネートしたりするといった役割を担うこともあります（藤野 2015）。正課外活動のプログラムにおいては、職員が教員とともに企画と運営を担当する例もあります（澤邉 2018）。特に運営においては、**フィールドワーク***などの訪問先との調整、学生の引率、予算管理、事業に関する適切な報告といった役割を担います。これらの役割は、大学職員の通常業務との親和性は高いものといえるでしょう。また、業務の中で学生と接する際に、学外の人に対するマナーや安心・安全を守るための指導といった教育的役割を担うこともあるでしょう。

(5) 学外からの協力を得て教育改善を推進する

既存のカリキュラムや授業においてできなかったことが、学外からの協力を得ることによってできるようになる場合もあります。たとえば、PBL や**サービスラーニング***など、学外のフィールドワークを含む授業があります。他大学の学生とともに学習する科目や教育プログラムを開講することもできるでしょう。このように、学外からの協力を得ることにより、学生の学習成果を高める教育方法の選択肢が広がるでしょう。

カリキュラムの評価であれば、卒業生を対象にした調査を行うことができます。仕事や生活に、大学における学習成果を活用できているかどうかを尋ねたり、カリキュラムに対する意見を聞いたりすることができるでしょう。卒業生を採用する企業を対象に、ディプロマ・ポリシーに定めた能力を卒業生が身につけているかを調査する方法もあります。それらの結果を在学生対象の調査結果と比較することにより、カリキュラムの課題など教育改善につながるヒントが得られるかもしれません。

学内だけで教育改善に向けた取り組みが難しい場合は、このような学外からの協力を得るように働きかけられないか検討してみるとよいでしょう。

(6) 広い視野をもち教育改善を牽引する

大学職員の中にはコスト意識やスケジュールや予算の管理といった経営の視点をもって仕事ができる人は多いでしょう。しかし、教育改善は経営以外にも多様な視点を求められる取り組みです。たとえば、教育改善の方法としてサービスラーニングなど学外での活動を伴う教育プログラムが検討されることがあります。こういった教育プログラムは、多くの人員や費用を要するため、経営の視点で考えると採用されるべきでないという判断になるかもしれません。しかし、サービスラーニングであれば学生の汎用的能力や市民性の獲得などさまざまな教育効果があります（中里他 2016)。教育改善の方法を検討するにあたっては、こうした教育や学習の視点を経営の視点と併せてもっておくべきです。

さらに、さまざまな学部・学科の視点に立てるようにもなっておくべきです。たとえばカリキュラムの編成であれば、専門分野の影響を受けます。カリキュラムの系統性を重視する学問分野もあれば、選択科目の割合を高くして学生の履修の自由度を高めようとする学問分野もあります。特に全学的な教育改善の制度設計を行う際には、こうした専門分野ごとの特徴を把握しておきましょう。

教育改善を推進していくためには広い視野をもって仕事に取り組まなければなりません。広い視野をもつことは、大学執行部や学部長・学科長など教育改善のキーパーソンから信頼を得ることにもつながるでしょう。こうした信頼に基づき、大学職員が教育改善を牽引することへの期待は、大学を取り巻く不確実な状況の中で今後一層高まっていくでしょう。

資　料

1　大学教育に関する政策文書

大学教育にかかわる政策動向を把握するには、中央教育審議会などの審議会の政策文書が役立ちます。審議会は大臣や長官の諮問に応じて、政策課題にかかわる調査や議論を行い、答申として政策提言を行います。この答申によって法令の改正が行われることもあります。なお、答申にいたる議論の過程も審議まとめや中間報告などの形で公表されることもあります。答申のほかにも、個別のワーキンググループが発表するガイドラインや指針とされるものもあります。これらの資料の多くはウェブサイトからアクセスすることができます。

1991年　大学審議会答申「大学教育の改善について」

各大学が多様で特色あるカリキュラムを可能にするための、大学設置基準の大綱化と簡素化についての具体的内容を提言している。また生涯学習などに対応する履修形態の柔軟化についても言及している。

1991年　大学審議会答申「学位授与機関の創設について」

生涯学習体系への移行や、多様な高等教育機関の発展などの観点から、短期大学や高等専門学校、大学以外での教育施設での修了者に対する学位授与を行う機関の創設について提言している。

1991年　大学審議会答申「平成5年度以降の高等教育の計画的整備について」

18歳人口の急減を見すえた、高等教育計画を示している。教育機能の強化や生涯学習などへの対応による質的充実と、大学の規模や地域配置などの整備について提言している。

1993年　大学審議会「大学入試の改善に関する審議のまとめ」(報告)

大学入試センター試験の利活用促進、特色ある多様な入学者選抜の実現や国公立大学の受験機会の複数化の改善、推薦入学に関する審議についてまとめられている。

1996年　中央教育審議会答申「21世紀を展望した我が国の教育の在り方について」(第一次答申)

子どもたちが「ゆとり」の中で「生きる力」を育むための教育への転換を主張する。大学については入学者選抜の改善が今後の検討課題として言及されている。

1997年　大学審議会答申「平成12年度以降の高等教育の将来構想について」

高等教育の発展の方向と規模に関して、2000年度から2004年度にかけての高等教育の将来構想を示している。

1997年　大学審議会答申「『遠隔授業』の大学設置基準における取扱い等について」

マルチメディアを活用したテレビ会議式遠隔授業の制度的取り扱い、設置基準上での位置づけについて提言している。この中で遠隔授業の占める割合が124単位のうち30単位までという上限が示された。なお、1999年の「学校教育法施行規則等の一部を改正する省令の施行等について」によって、上限は60単位へ拡大されている。

1997年　大学審議会答申「高等教育の一層の改善について」

大学の理念・目標の明確化、教養教育の重要性の再確認、学習効果を高める工夫、教育活動の評価のあり方など、高等教育の質の一層の充実を図るための方策について提言している。専門学校卒業者の編入学、科目等履修生の既修得単位の在学期間への通算や校地面積基準の緩和などの制度改正についても言及している。

1997年　中央教育審議会答申「21世紀を展望した我が国の教育の在り方について」（第二次答申）

1996年の第一次答申をうけて、個人の能力・適性に応じた教育について提言している。大学については受験競争の行き過ぎを指摘し、その改善のための課題などを示している。また、大学入学年齢の特例措置についても言及している。

1998年　大学審議会答申「21世紀の大学像と今後の改革方策について―競争的環境の中で個性が輝く大学」

課題探求能力の育成、教育研究システムの柔構造化、責任ある意思決定と実行、多元的な評価システムの確立の4つを基本理念として示し、その具体的な改革方策を提言している。

1999年　中央教育審議会答申「初等中等教育と高等教育との接続の改善について」

高等教育の役割を「課題探求能力」と「専門的素養のある人材として活躍できる基礎的能力」の育成にあるとし、そのための初等中等教育と高等教育の接続について提言を行っている。特に、高校との連携という面から、入学者選抜の改善や入学後の学習支援のあり方について具体的に言及している。

2000年　文部省高等教育局「大学における学生生活の充実方策について―学生の立場に立った大学づくりを目指して」（報告）

「学生中心の大学」への視点の転換を主張し、従来正課教育の補完としてみられていた正課外活動を、学生の発達に資するものとして積極的にとらえ直す。学生相談をはじめとして、指導体制の充実方策を具体的に提示している。調査研究会の座長が廣中平祐山口大学学長であったことから、「廣中レポート」と呼ばれる。

2000年　大学審議会答申「グローバル化時代に求められる高等教育の在り方について」

高等教育制度および教育研究水準の両面にわたって国際的な通用性・共通性の向上と国際競争力の強化を目指した改革を進めるため、教育の充実や情報通信技術の活用、学生・教員などの国際的流動性の向上など、5つの視点に立って具体的改革方策を提言している。

2000年　大学審議会答申「大学入試の改善について」

アドミッション・ポリシーの明示をはじめとした、入学者選抜改善のための基本的な視点を示す。また大学入試センター試験や各大学における入学者選抜の改善についても提言を行っている。

2002年　中央教育審議会答申「新しい時代における教養教育の在り方について」

新しい時代に向けて教養を生涯にわたって学ぶことが必要であると提言している。各大学において教養教育の責任ある実施体制を確立することを主張している。

2002年　中央教育審議会答申「大学等における社会人受入れの推進方策について」

高度で先端的な知識・能力の修得が生涯にわたって求められている状況を踏まえ、大学が社会に幅広く学習機会を提供することを提言している。具体的な方策として、長期履修学生制度の導入や専門大学院1年生コースや通信制博士課程の制度化について言及している。

2002年　中央教育審議会答申「大学の質の保証に係る新たなシステムの構築について」

大学の質の保証の必要性を述べたうえで、設置認可制度の弾力化、第三者評価制度の導入、法令違反状態の大学に対する是正措置の導入などから成るシステムの構築について提言している。

2003年　中央教育審議会答申「新たな留学生政策の展開について―留学生交流の拡大と質の向上を目指して」

留学生数の増加などの現状を踏まえた、大学などにおける留学生の受け入れ体制の質的充実と国際競争力の強化、日本人学生の海外留学の支援をはじめとした留学生政策の充実について提言している。

2005年　中央教育審議会答申「我が国の高等教育の将来像」

「知識基盤社会」としての21世紀における高等教育の全体像やそのあり方、高等教育への支援についての将来構想をまとめている。大学教育については特に学士課程教育を再構築する必要性、分野ごとのコア・カリキュラムの作成などによる質の向上について提言している。

2007年　中央教育審議会答申「教育基本法の改正を受けて緊急に必要とされる教育制度の改正について」

2006年の教育基本法改正を受けて必要となった制度の改正についてまとめている。大学については履修証明制度に関する規定を新設することについて提言している。

2008年　中央教育審議会答申「学士課程教育の構築に向けて」

学士課程教育における3つの方針の明確化などを通じて、学位の水準を明確にするよう改善を促す。また、教職員への研修の活性化や教員業績における教育面の重視などについても提言している。

2008年　中央教育審議会答申「教育振興基本計画について―『教育立国』の実現に向けて」

2006年の教育基本法改正によって規定された教育にかかわる10年間の基本的計画を示している。大学については「社会の信頼に応える学士課程教育等を実現する」ほか、国際化や質の向上・保証を推進するといった基本的方向を提示している。

2010年　中央教育審議会大学分科会大学規模・大学経営部会「大学における社会人の受入れの促進について」(論点整理)

大学における社会人の受け入れについて検討の方向性を提示している。学位プログラムの編成や履修証明制度の活用促進、柔軟な学習形態の提供などが大学の取り組みとして期待されている。

2010 年　中央教育審議会大学分科会大学教育の検討に関する作業部会大学グローバル化検討ワーキンググループ「我が国の大学と外国の大学間におけるダブル・ディグリー等、組織的・継続的な教育連携関係の構築に関するガイドライン」

現行の学位制度を前提として、それに付随して外国の大学から学位が授与される場合の「プログラム」や「単位互換」といった用語の定義や、カリキュラムの編成や学位審査にかかわる留意点について整理している。

2010 年　中央教育審議会大学分科会大学教育の検討に関する作業部会大学グローバル化検討ワーキンググループ「東アジア地域を見据えたグローバル人材育成の考え方―質の保証を伴った大学間交流推進の重要性」

学術・文化・経済などで密接な関係をもつ東アジア地域の大学間交流の重要性やその基本的な考え方、推進の方法についてまとめている。大学間交流プログラムや大学間交流に対する評価のための取り組み、質保証について具体的に言及している。

2010 年　中央教育審議会大学分科会学生支援検討ワーキンググループ「今後の学生に対する経済的支援方策の在り方について」（論点整理）

学生を取り巻く経済・雇用情勢の悪化の中で大学生への経済的支援の充実の必要性を主張する。具体的には日本学生支援機構による奨学金事業における家計基準の見直しや無利子奨学金の拡充についての論点がまとめられている。

2011 年　中央教育審議会答申「今後の学校におけるキャリア教育・職業教育の在り方について」

発達の段階に応じたキャリア教育・職業教育の方向性について提言を行っている。大学教育については、教育課程内外を通じたキャリア教育の推進や職業教育の位置づけなどに言及している。

2012 年　文部科学省「大学改革実行プラン―社会の変革のエンジンとなる大学づくり」

「激しく変化する社会における大学の機能の再構築」と「大学のガバナンスの充実・強化」を柱とした改革の計画を示している。大学教育の質的転換や大学入試改革、大学の質保証の徹底を３つの段階に分けて推進することなどに言及している。

2012 年　中央教育審議会答申「新たな未来を築くための大学教育の質的転換に向けて―生涯学び続け、主体的に考える力を育成する大学へ」

学士課程教育の質的転換の始点として学習時間を増加・確保すること、組織的・体系的な教育課程への転換を目指した具体的な改善方策について提言している。学習成果の把握の具体的方策の研究・開発や大学評価の改善などについて言及している。

2013 年　中央教育審議会答申「第２期教育振興基本計画について」

第１期から引き継いだ、その後の５年間の教育に関する総合的計画を示している。「学生の主体的な学び確立による大学教育の質的転換」などや「点からプロセスによる質保証を重視した高大接続」などを提言している。

2014年　中央教育審議会大学分科会「大学のガバナンス改革の推進について」(審議まとめ)

> 大学が教育研究機能を最大限に発揮するためには、学長のリーダーシップ下でのガバナンス体制の構築が不可欠であると主張する。教授会の役割の明確化などについてまとめている。

2014年　中央教育審議会答申「新しい時代にふさわしい高大接続の実現に向けた高等学校教育、大学教育、大学入学者選抜の一体的改革について」

> 高大接続改革のための大学入学者選抜の抜本的改革について提言している。それまでの大学入試センター試験に代わる新テストの導入のほか、高校段階での基礎学力を評価するためのテストの導入についても言及している。

2016年　中央教育審議会大学分科会大学教育部会「『卒業認定・学位授与の方針』(ディプロマ・ポリシー)、『教育課程編成・実施の方針』(カリキュラム・ポリシー)及び『入学者受入れの方針』(アドミッション・ポリシー)の策定及び運用に関するガイドライン」

> 2017年施行の学校教育法施行規則によって、策定と公表が義務づけられた3つのポリシーについてその策定の意義と策定、運用における留意すべき事項を明文化している。

2018年　中央教育審議会答申「第3期教育振興基本計画について」

> 第3期として、5年間の教育振興基本計画について示している。「社会人の学び直しの推進」や「高等教育のシステム改革」を教育政策の目標とする。

2018年　中央教育審議会答申「2040年に向けた高等教育のグランドデザイン」

学習者本位の教育への転換を図るための教育研究体制の整備、教育の質の保証や高等教育機関の規模、地域配置について提言している。教学マネジメント指針の策定や学習成果の可視化や情報公表のあり方についてなどの検討課題についても明文化している。

2020年　中央教育審議会大学分科会「教学マネジメント指針」

学習者本位の教育に向けた教育改善に取り組みつつ、社会に対する説明責任を果たしていく大学運営としての教学マネジメントのための指針を示している。FDとSD、教学IRを基盤として、学習目標の具体化、授業科目・教育課程の編成・実施、学習成果・教育成果の把握・可視化について言及している。

2021年　中央教育審議会大学分科会「教育と研究を両輪とする高等教育の在り方について―教育研究機能の高度化を支える教職員と組織マネジメント」(審議まとめ)

高等教育機関における教育と研究を一体不可分ととらえ、その両方の活性化に向けての方向性を示す。大学教員の意識や組織マネジメントに関する現状や課題を示したうえで、教育研究を担う大学教職員のあり方、事務職員への期待、組織マネジメントの確立・推進などについてまとめられている。

2　大学教育に関する定期的調査

大学教育に関する定期的調査にはさまざまなものがあります。多くの調査機関は、各大学の指標を集計して全国平均などの指標を公開しています。全国平均の指標と比較することで、所属大学の特徴を把握することができるでしょう。以下では、代表的な定期的調査を紹介します。

学校基本調査（文部科学省）

学校に関する基本的事項を調査し、学校教育行政上の基礎資料を収集することを目的としている。国公私立のすべての学校を対象とし、文部科学省が全数調査で毎年実施している。高等教育機関については、学生、教職員、卒業後の進路、学校施設、学校経費に関するデータが収集されている。各高等教育機関からのデータを文部科学省が集計し、文部科学省と総務省統計局のウェブサイトで公開している。

主な指標：学生数、教員数、職員数、進路就職先、区分別経費

学校教員統計調査（文部科学省）

教員構成や教員の属性、職務形態などを明らかにすることを目的としている。国公私立のすべての学校を対象とし、文部科学省が3年ごとに実施している。高等教育機関については、教員個人情報と教員異動に関するデータが収集されている。各機関からのデータを文部科学省が集計し、文部科学省と総務省統計局のウェブサイトで公開している。

主な指標：教員数、教員の年齢、学歴、勤務年数、週担当授業時間数、給料月額、採用・転入・離職状況

学術情報基盤実態調査（文部科学省）

国公私立大学の学術情報基盤の状況を明らかにし、改善に向けた基礎資料を収集することを目的としている。すべての大学を対象に、文部科学省が全数調査で毎年実施している。大学図書館、コンピュータ、ネットワークに関するデータが収集されている。郵送、オンラインで回収した各大学からのデータを集計し、文部科学省と総務省統計局のウェブサイトで公開している。

主な指標：図書館の職員数、蔵書数、図書・雑誌受入数、サービス状況、学内LANの整備状況、ネットワーク関連業務担当教員数、パソコンの整備状況

大学における教育内容等の改革状況について（文部科学省）

大学における教育内容・方法の改善に向けた取り組みを調査し、国民への情報提供および各大学の積極的な教育内容の改善に関する取り組みを促すことを目的としている。国公私立の大学を対象に、全数調査で毎年実施されている。大学改革に向けた組織的な取り組みに関するデータが収集されている。大学が記入した調査票を回収し、文部科学省が集計結果をウェブサイトで公開している。

主な指標：カリキュラム編成上の工夫、教育方法の改善の状況、教職員の資質向上などの取り組み状況、入学者受入れに関する取り組み、海外の大学との交流状況

全国学生調査（文部科学省）

全国共通の質問項目により、学生目線から大学教育や学びの実態を把握し、大学の教育改善や国の政策立案など、大学・国の双方においてさまざまな用途に活用することを目的としている。全国の大学生を対象とした大規模なアンケート調査であり、学生がインターネットで質問項目に回答する。

主な指標：大学での授業の特徴、大学での学習経験、身についた能力、受講した授業の形態

大学等卒業予定者の就職内定状況等調査（文部科学省・厚生労働省）

大学、短期大学、高等専門学校および専修学校卒業予定者の就職内定状況を把握し、就職問題に適切に対処することを目的としている。国公私立の大学・短期大学などのうち設置者や地域などを考慮して抽出された学校を対象に、文部科学省と厚生労働省が抽出調査で年４回（10 月、12 月、２月、４月）実施している。大学が調査対象学生への電話と面接により回収したデータを文部科学省と厚生労働省が共同で集計し、就職内定率、分野別内定率、就職希望率に関するデータを厚生労働省のウェブサイトで公開している。

主な指標：学生の就職希望の有無、内定状況、内定を受けた時期

大学ポートレート（大学改革支援・学位授与機構）

大学の多様な教育活動の状況を、国内外のさまざまな人にわかりやすく発信することにより、大学のアカウンタビリティの強化、進学希望者の適切な進路選択支援、日本の高等教育機関の国際的信頼性の向上を図ることを目的としている。日本私立学校振興・共済事業団と連携して運営されている。公表される教育情報は、大学自らが責任をもって提供する情報である。

主な指標：教育上の目的、入学者選抜、進路、教員、キャンパス、学部・研究科などの特色、カリキュラム、学費・奨学金

学生生活調査（日本学生支援機構）

学生の標準的な生活状況を把握し、学生生活支援事業の改善を図るための基礎データを収集することを目的としている。国公私立の大学・短期大学の学生を対象とし、日本学生支援機構が無作為抽出方法により隔年で実施している。学生の経済状況、生活状況に関するデータが収集されている。各高等教育機関が調査票に記入したデータを日本学生支援機構が集計し、ウェブサイトで公開している。

主な指標：学費、生活費、学生の収入状況、家庭の年間平均収入額、アルバイト従事状況、奨学金の受給状況、通学時間

留学生に関する調査（日本学生支援機構）

外国人留学生の在籍状況、日本人学生の留学状況を把握し、留学生施策に関する基礎資料を得ることを目的としている。国公私立のすべての大学・短期大学を対象として、日本学生支援機構が全数調査で毎年実施している。外国人留学生の在籍状況、進路状況、学位授与状況、日本人学生の留学状況に関するデータが収集されている。各高等教育機関が調査票に記入したデータを回収し、日本学生支援機構が集計結果をウェブサイトで公開している。

主な指標：留学生数、出身別留学生数、分野別留学生数、留学生宿舎の状況、日本人留学生数

障害のある学生の修学支援に関する実態調査（日本学生支援機構）

大学・短期大学における障害学生の状況と支援状況について把握し、障害学生の修学支援の充実に資することを目的としている。すべての国公私立の大学・短期大学を対象とし、日本学生支援機構が全数調査で毎年実施している。障害学生の状況と支援に関するデータが収集されている。各高等教育機関が記入した調査票を回収し、日本学生支援機構が集計結果をウェブサイトで公開している。

主な指標：障害学生数、障害学生への修学支援状況、入学者選抜における配慮と特別措置の状況、発達障害の学生への支援状況

学校法人等基礎調査（日本私立学校振興・共済事業団）

私立学校の財務状況、教育条件の把握を通して、日本私立学校振興・共済事業団の業務の基礎資料、学校法人の経営の参考資料とすることを目的としている。すべての私立大学・短期大学を対象に、日本私立学校振興・共済事業団が毎年実施している。管理運営、教育条件、財務状況に関するデータが収集されている。電子調査（基礎調査 e-マネージャ）により私立大学・短期大学からの回答を集計し、結果を『今日の私学財政』（刊行物／インターネット）と『入学志願動向』（刊行物／インターネット）において公開している。

主な指標：設置学校一覧、法人組織構成図、学生数、教職員数、学生納付金、資金・消費収支計算書、人件費、寄附金

学生生活実態調査（日本私立大学連盟）

学部学生の生活状況の調査を通して、加盟大学と日本私立大学連盟の諸活動を検討するための基礎資料を提供することを目的としている。加盟する大学の学部学生を対象に、日本私立大学連盟が4年ごとに標本調査で実施している。進学目的、入学後の満足度、大学生活、進路に関するデータが収集されている。各加盟大学が記入した調査票を回収し、日本私立大学連盟が集計した結果をウェブサイトと報告書『学生生活白書』で公開している。

主な指標：学生の進学目的・理由、充実度・期待、経済状況、大学生活、正課教育、正課外活動、不安・悩み、進路希望

学生生活実態調査（全国大学生活協同組合連合会）

大学生活における経済的な側面と大学生の意識や行動を明らかにし、大学生活の充実と生協の諸活動に資することを目的としている。国公私立大学の学部学生を対象に、全国大学生活協同組合連合会が標本調査で毎年実施している。大学生の経済生活と行動、日常生活、大学生活に関するデータが収集されている。全国大学生活協同組合連合会が報告書で結果を公開している。その概要についてはウェブサイトにて公開している。

主な指標：生活費、仕送り額、奨学金受給状況、サークル参加状況、アルバイト状況、生活時間、政治への関心

THE 世界大学ランキング日本版（Times Higher Education およびベネッセグループ）

Times Higher Education（タイムズ・ハイヤー・エデュケーション）がベネッセグループと協力して発表する日本版の大学ランキングである。各大学の教育成果、研究成果、国際性などの幅広い指標によって総合的な順位が決められる。学生、高校教員、企業の人事担当者、研究者などの評判も含まれる。毎年の結果はウェブサイトで公開され、総合スコアと分野別スコアが表示される。

主な指標：学生1人あたりの教員比率、大学の推奨度、高校教員の評判、企業人事の評判、研究者の評判、外国人学生比率、日本人学生の留学比率

図表でみる教育（OECD）

経済協力開発機構（OECD）が世界の教育の現状を示す国際的な教育指標集である。幼児教育から高等教育までのさまざまな指標が国際比較できる形で公開さ

れている。調査結果は、OECD のウェブサイトでエクセルの形式でダウンロードできるようになっている。報告書として、「Education at a Glance」という名称で毎年刊行され、日本語でも『図表でみる教育』として刊行される。

主な指標：最終学歴別の就業状況、高等教育進学率、高等教育機関における留学生と外国人学生、国内総生産に対する教育支出の割合、教育支出の公私負担割合、公財政教育支出

3　用語集

ACT　→ 63

アメリカンカレッジが運営するアメリカの大学進学希望者を対象とした標準テスト。American College Test の略称。アメリカの大学への進学には、SAT か ACT のいずれかのテストの点数の提出が義務づけられている。

BYOD　→ 131

学生の個人の端末（パソコン、タブレットなど）を必携化する制度。個々の学生が学内ネットワークに接続し、授業やそのほかの学習、履修登録、アンケート、掲示版などの管理運営に利用できるようにする。Bring Your Own Device の略称。

FD　→ 9,139

教員が授業内容・方法を改善し向上させるための組織的な取り組みの総称。ファカルティ・ディベロップメントの略。教育相互の授業参観の実施、授業方法についての研究会の開催、新任教員のための研修会の開催などが具体例である。大学設置基準によって、FD の実施が大学に義務づけられている。

GPA　→ 31,45,58

学生が履修した授業の成績から算出された学生の成績評価値、あるいはその成績評価の方法。アメリカの大学で用いられてきた成績評価の方法であり、国際化や厳格な成績評価という観点から多くの日本の大学でも取り入れられている。授業料免除や奨学金の選考基準や成績不振学生への対応に活用される。Grade Point Average の略称である。

SAT　→ 63

アメリカの非営利機関カレッジボードが運営するアメリカの大学進学希望者を対象とした標準テスト。Scholastic Assessment Test の略称。アメリカの大学への進学には、SAT か ACT のいずれかのテストの点数の提出が義務づけられている。

SD　→ 9

教育研究活動などの適切かつ効果的な運営を図るため、必要な知識および技能を習得させ、さらにその能力および資質を向上させるための研修。スタッフ・ディベロップメントの略。従来は職員を対象とした能力開発と理解されることがあったが、大学設置基準の規定によって、事務職員だけでなく、教員、大学執行部、技術職員なども対象者として含まれる。

アーリー・エクスポージャー →20
カリキュラムの早期に行われる体験学習。早い時期に学問や仕事の現場に入ることによって、具体的なイメージをもち、動機づけやキャリア志向を高めることが期待できる。医療系の分野で入学後早期の段階に病院などに入るものなどがこれにあたる。

アイデンティティ →11,78
自己同一性。変化する状況や時間の経過の中で、さまざまな役割を担いながら生きていくうえで、どんなに環境が変化し、自分の役割が多様になったとしても、自分を変わらないものとして保つために必要とされる。青年期における確立が期待される。アメリカの心理学者エリクソンが提唱した。

アクティブラーニング →85,127
伝統的な教員による一方向的な講義形式の教育とは異なり、学習者の能動的な学習への参加を取り入れた教授・学習法の総称。グループ・ディスカッション、ディベート、グループワーク、発見学習、問題解決学習、体験学習、調査学習などが含まれる。

アドミッション・ポリシー →15,66,120
入学者の受け入れに関する方針。各大学・学部などがその教育理念や特色などを踏まえ、どのような教育活動を行い、どのような能力や意欲、適性などを有する学生を求めているのかなどの方針をまとめたものである。入学者の選抜方法や入学者選抜試験問題の出題内容などにはこの方針が反映されている。学校教育法施行規則において、カリキュラム・ポリシーやディプロマ・ポリシーとともに公表することが義務づけられている。

アビトゥーア →63
ドイツなどで中等教育修了時に実施される大学進学のための資格試験。ドイツの各州において実施されるが資格そのものはドイツ全体にわたって効力がある。この試験への合格と中等教育機関であるギムナジウムでの成績に応じて希望する大学に進学することができる。

一般教育 →4,40
職業教育、専門教育に対し、共通して行われるべき基本的な教育。広い教養を与え、学問の専門家によって起こりうる課題に対し、知識の調和を保ち、総合的かつ自主的な判断を養うことを目的として、新制大学の発足とともに取り入れられた。専門の基礎または準備のためと混同され、画一的、形式的な内容となっているという指摘もある。

一般選抜 →67
学力テストなどによって入学希望者の基礎学力を判定する入学者選抜。国公立大学の場合、原則として大学入学共通テストと、大学ごとに行われる個別学力検査を中心に、調査書や小論文、本人記載の資料などから評価される。私立大学の場合、各大学が独自に入学試験を行うため、試験日が重ならない限り受験生は何校でも受験することができる。

異動 →51
学生の身分が変わること。休学・復学や退学などがこれにあたる。一般的には教授会が審議し、学長の許可によって認められる。手続きには親などの保証人の連署を必要とする場合もある。異動を申し出る時期によって学費納入などの規則の適用が変わってくる。

インクルーシブ教育 →115
すべての学習者が同じ場でともに学ぶ教育。人間の多様性を尊重し、あらゆる人が自分の能力をできる限り発達させ、社会に参加することを可能にするという教育理念に基づいている。主に障害のある者の教育についていわれることが多いが、UNESCO はそれ以外の多様性についても対応する必要を主張している。1990 年ごろからアメリカ、カナダを中心に展開し始めた。

インスティテューショナル・リサーチ →9,58,140
大学における諸活動に関する情報を収集・分析することで大学の質の向上を支援し、外部に対して説明責任を果たす活動。具体的には、学生への教育活動とその成果の検証、認証評価や自己点検・評価への対応、中長期計画の策定などを行う。IR と略される。この業務に従事する者を、インスティテューショナル・リサーチャーと呼ぶ。

インターンシップ →6,86,89,107
職場の監督下での一定期間の職業経験。学生の専攻分野に関連した業務にかかわるものかどうか、フルタイムかパートタイムか、有給か無給か、短期間か長期間かなど形態はさまざまであるが、キャリア意識の涵養、職業的技能・態度・知識の獲得を目的に実施されている。インターンシップを正規の授業として単位化する大学もある。

オープンキャンパス →73,94,128
大学へ入学を希望している者に対して、キャンパスを公開し、入学に向けての関心や理解を促進するイベント。学長などの講演、模擬授業、研究室公開、キャンパスツアー、部活やサークルの紹介、個別相談などが実施される。

オフィスアワー →10
学生の相談や質問に教員が対応するための時間帯。この時間帯であれば学生は事前に予約をしなくても教員に面談することができる。シラバスに明示したり、学部やコース単位で一覧化したりすることで学生に周知する。

学位 →6,15,47,52
大学などの高等教育機関が能力を証明するために与える称号。名称や称号を与える方針は国によって異なる。日本では、文部科学大臣が定める学位規則で、学位の名称や授与するための条件などが定められている。

学位規則 →56
学位の授与にかかわる規則。学校教育法に基づき文部科学省令として制定されている。学士・修士・博士などの学位授与の要件や博士の学位の授与にかかわる論文の要旨や全文の公表などが定められている。

学士 →56
大学を卒業した人に与えられる学位。学士を取得するには、卒業に必要な単位を修得することが求められる。大学設置基準につおいて、4年以上の在学と124単位以上の修得が、医学などの一部の専門分野を除いて卒業要件として定められている。国際的にはBachelorに相当する。短期大学へ進学した場合には、卒業時に短期大学士が授与される。

学習指導要領 →8,63,137
小学校、中学校、高等学校、特別支援学校における教育課程の基準。どの学校でも学習の水準が担保されることをねらいとして、文部科学省により告示される。教育課程編成の方針や配慮すべき事項を含んだ総則と、各教科やその他の領域などの目標と内容が記されている。社会の変化に対応するため、およそ10年ごとに改訂される。

学士力 →77
中央教育審議会で提言した学士課程共通の学習成果に関する参考指針。2008年の中央教育審議会答申「学士課程教育の構築に向けて」で提示された。「知識・理解」「汎用的技能」「態度・志向性」「統合的な学習経験と創造的思考力」の4分野13項目から構成される。

学籍簿 →51
学生の身分や所属などについての記録簿。この記録に基づいて授業料の納入をはじめとした取り扱いが定められる。また、各種証明などもこの内容に応じて行われる。学籍簿の内容の変更にはどの日付を用いるかなど規則に準じた運用が必要である。

学則 →8,30,55
大学の組織体制、管理運営、学事などについて定めた規則。大学の目的や組織の構成などを定めた「総則」、各学部の学生の修業年限や収容定員、教育課程などを定めた「学部通則」、そのほかの諸規則をまとめた「補則」といった構成をとっている。

学長 →53,140
大学の長として校務をつかさどり、所属の教職員を統括する者。大学設置基準第13条の2において、「学長となることのできる者は、人格が高潔で、学識が優れ、かつ、大学運営に関し識見を有すると認められる者とする」と学長の資格が規定されている。

学年制 →40
学年ごとに履修する科目を定め、そのすべての科目の履修を終えることで進級を認める制度。小学校や中学校で一般に採用されている。大学では単位制が主流だが、所定の単位数を満たさなければ進級を認めない学年制の要素を組みこんだ制度を取っている大学もある。

学問の自由 →6
学問的活動が知的好奇心に基づくものであり、外部の権威から介入や干渉をされることなく自由に行われるべきであるという考え方。日本国憲法第23条において、「学問の自由は、これを保障する」と規定されている。学問研究の自由、研究発表の自由、教授の自由が含まれ、これらを担保するための大学の自治の保障も含むと考えられている。

隠れたカリキュラム → 15

教育する側の意図とは無関係に、学習者自身が学びとっていく内容。学習者は教育機関のカリキュラムとして明示されない価値観や行動様式などを学びとっていく。隠れたカリキュラムの中には、女性の役割意識といった個人の属性による社会的な役割意識が含まれることもあり、そのような役割意識を助長する場合は問題と考えられる。

学校教育法 → 7,15,53,64,138

1947 年に制定された日本の学校体系などを定めた法律。幼稚園、小学校、中学校、義務教育学校、高等学校、中等教育学校、特別支援学校、大学、高等専門学校について、在学すべき年数などの基本的な事項が定められている。学校教育法で定められた事項を具体的にどのように取り扱うかについては、学校教育法施行規則で定められている。

学校推薦型選抜 → 67

出身学校長の推薦に基づいて行われる入学者選抜。調査書や推薦書等が出願書類とされる。小論文、プレゼンテーション、口頭試問、実技、各教科・科目のテスト、資格・検定試験の成績なども利用される。どの高校からでも推薦できる公募制と大学が指定した高校からのみ推薦できる指定校制がある。

科目等履修生 → 46,55

必要な授業科目や興味関心のある授業科目のみ履修し、正課教育を部分的に受ける非正規学生。これによって認められた単位は、正課教育を受ける際に既修単位として、卒業要件や資格取得のための単位に組み込むことができる場合もある。

科目ナンバリング → 24,31

授業科目に適切な記号や番号を付し分類することで、学習の段階や順序などを表し、教育課程の体系性を明示する仕組み。ナンバリング、コースナンバリングとも呼ばれる。本来的には、大学内における授業科目の分類、複数大学間での授業科目の共通分類という 2 つの意味をもつ。対象とするレベルや学問の分類を示すことは、学生が適切な授業科目を選択する助けとなる。また、科目同士の整理・統合と連携により教員が個々の科目の充実に注力できるといった効果も期待できる。

カリキュラム →5,14,28,41,63,77,121,137
教育目標を達成するために、学校が計画的に編成する教育内容の全体計画。学習者に与えられる学習経験の総体と広くとらえられる場合もある。行政用語として教育課程も使用されるが、教育課程はカリキュラムの中でも特に制度化され計画化された部分を指す。大学のカリキュラム編成においては、各機関に大きな裁量が委ねられている。

カリキュラム・ポリシー →15,46,66
教育課程の編成および実施に関する方針。ディプロマ・ポリシーで定めた教育目標を達成するために、どのようにカリキュラムを編成し実施するのかの方針をまとめたものである。学校教育法施行規則においてアドミッション・ポリシーやディプロマ・ポリシーとともに公表することが義務づけられている。

カリキュラムマップ →24,30
授業科目と教育目標の関係や授業科目間の関係や順次性を示した図の総称。学生と教職員がカリキュラム全体の構造を俯瞰できるようにすることで、体系的な履修を促す意図を持つ。卒業時に身につけるべき能力と授業科目を対応させるマトリクス形で示されるものがある。カリキュラムマップのうち、特に順次性や授業科目間の関係性を示すことを重視して、チャート型等で示したものはカリキュラムツリーと呼ばれることがある。

帰国子女入試 →68
家庭の事情などで長い海外生活を経て帰国する生徒のための入学者選抜。海外でどのような学校に、どれくらいの時期に在学していたかに応じた出願要件が定められている。海外の学校での成績、大学が実施する学力試験や面接の結果で選考が行われる。

逆向き設計 →19
学生が達成する教育の成果を定めてから授業を設計するカリキュラム編成の方法。教科書などの教材から授業を設計する教員が多いことから考案された。アメリカの教育学者タイラーが提唱し、ウィギンズとマクタイがより洗練させた。

キャップ制 →21,31,41
１年間あるいは１学期間に履修登録できる単位の上限を設ける制度。予習や復習など教室外における学習時間を担保し単位制度を実質化する手段に位置づけられる。大学設置基準に規定されているが、成績優秀者には上限を超えて登録を認めることができることも示されている。キャップ（帽子）をかぶせるという比喩から上限設定を意味する。CAP 制と記されることもある。

キャリア → 10,27,56,66,76,100
職場、家庭、地域社会などさまざまな場での諸活動における生き方。さまざまな定義があり、職業に限った狭義の意味で用いられることも多い。生涯にわたり継続して考え続けられるものであり、個人の発達や自己実現と関連することは、いずれの定義にも共通している。

休学 → 25,29,53
学生が病気そのほかの理由により許可を得て、在籍したままで一定期間授業を受けない状態。休学の可否、期間などについては、教授会の審議を経て、学長が定めるものとされている。休学は修学できない状態がある程度長期にわたることが予想される場合の措置であって、単なる欠席と異なり、通常その期間中は在学期間に含まれないものとされ、授業料が免除される場合もある。

教育基本法 → 7,114
日本の教育に関する原則を定めた法律。教育に関する法令の運用や解釈の基準となる性格をもつことから教育憲法と呼ばれることもある。前文と 18 条から構成される。1947 年に制定され、2006 年に全面的に改正された。

教育の機会均等 → 12
教育を受ける機会は均等であるべきことを示した言葉。人種、信条、性別、社会的身分、経済的地位、出身など能力以外の要因によって差別されることなく、各人に等しく教育の機会が与えられることである。日本国憲法や教育基本法などで定められている。

教学 → 140
教育と学問のこと。特に私立大学において大学の運営を教学と経営の 2 つに分けて組織が構成されることが多い。教学面の責任者は学長であり、経営面の責任者は理事長である。

教学マネジメント → 138
大学が自らの定めた教育目標を達成できるように、組織的に教育について評価し改善していくための一連の管理運営と定義される。2020 年に出された「教学マネジメント指針」では、学長のリーダーシップのもと、学位プログラムごとに教学マネジメントを確立することが求められている。

教授会 → 53,64,145
学部などにおかれる合議制の仕組み。構成員は教授に限らず准教授などの教員が含まれることも多い。また法律上は職員を加えることができるが、その事例はあまり多くない。現在の教授会は学校教育法に基づいているが、旧制大学以来の学部自治の伝統の中で、実質的には大きな権限をもつことが多い。

教職課程 → 10,48,61
教員免許を受ける資格を得るために教育職員免許法などで定められた科目を学生が履修する課程。学部の開講する授業とは別に履修する必要がある。教科にかかわる専門的な科目のほかに、教職にかかわる科目や特別支援教育にかかわる科目など、免許の種類に応じて必要な科目を履修する必要がある。

共同教育課程 → 22
複数の大学が共同で教育プログラムを編成する教育課程。通信教育課程および外国において単位を修得しなければならない課程は対象とならない。2009 年に新たな大学間連携の仕組みとして整備された。大学設置基準第 43 条から第 49 条に定められる。

くさび型カリキュラム → 31
初年次から卒業時まで、専門教育と教養教育を履修するように編成されたカリキュラム。カリキュラム全体において専門教育と教養教育の位置づけがくさびを打ち込んだ形に類似していることに由来する。学問的な専門性を深めるだけでなく、学生の発達段階やキャリアに応じた教養教育もバランスよく学ぶことができる。

厚生補導 → 12,99
学生の課外活動、就職、健康管理などの支援を総称したもの。日本では戦後に普及した。大学設置基準では厚生補導を行う専任の職員を擁する組織を設けることを定めている。アメリカの大学における SPS（Student Personnel Services）の日本語訳にあたる。

公立大学協会 → 139
公立大学を会員とする一般社団法人。1949年に設立された。公立大学の振興と日本の高等教育および学術研究の水準の向上と均衡ある発展に寄与することを目的としている。

合理的配慮 → 123
障害のある人が障害のない人と平等に人権を享受し、行使できるようにするための個別の調整や変更。提供する側に過度な負担になり過ぎない範囲での必要な便宜が求められる。2016年施行の障害者差別解消法（正式名称「障害を理由とする差別の解消の推進に関する法律」）によって行政機関や事業者に求められるようになった。

個人情報 → 36,52,69,111
生存する個人に関する情報で、特定の個人を識別できるもの。具体的には、氏名、生年月日、性別、住所などが該当する。学籍番号や履修、成績、奨学金、就職、健康状態に関する情報のように、特定の個人を識別することができるものも含む。

コンソーシアム → 47
複数の高等教育機関が連携して事業を行う団体。地方公共団体や地域の企業などが加わる団体もある。主な事業には、単位互換や図書館の相互利用、公開講座、学生や教職員同士の交流、教職員能力開発などがある。

サービスラーニング → 95,147
社会貢献活動などを通じて学ぶ方法。実際に地域での社会貢献活動に参加する活動を通して学習が促される。学生の体験を学習にするためには、社会貢献活動の前後の事前学習と振り返りが重要となる。学生と地域社会が連帯することで双方に利益がもたらされる。

在学期間 → 57
実際に学生が大学で学習する期間。編入、転入時には特別に定められている。また、職業を有しているなど事情のある学生の学習を支援するために、在学期間の特例として長期履修制度を運用している大学もある。在学期間に休学や停学の期間を含め、在籍期間と称される場合がある。

産学連携 → 74,136
新技術の研究開発や、新事業の創出を図ることを目的として、民間企業が大学などの教育機関と連携すること。大学の研究成果を産業界へ移転しやすくするため、国は大学等技術移転促進法の制定や、技術移転機関制度の創設、大学発ベンチャー創出の促進などの環境整備を行っている。政府・地方公共団体がかかわる場合は、産学官連携や産官学連携ともいう。

私学助成 → 67
国および地方公共団体が行う、私立の教育施設の設置者、および、私立の教育施設に通う在学者に対する助成。教育研究条件の維持向上、就学上の経済的負担の軽減、経営の健全性を高めるための私立大学等経常費補助金、私立の高等学校、中等教育学校、中学校、小学校、幼稚園および特別支援学校を対象とする私立高等学校経常費助成費等補助金のほか研究施設・装置を対象とする私立学校教育研究装置等施設整備費補助金などがある。

自己点検・評価 → 139
大学自らが活動を点検し評価すること。教育研究水準の向上と社会的責任を果たすため、大学自らが理念と目標に照らして教育研究活動を点検し、優れている点や改善点を明らかにする。1999 年の大学設置基準の改正によって、実施と結果の公表が義務化、学外者による評価結果の検証が努力義務化された。

指導要録 → 51
日本の学校における学生の学籍や指導の過程、結果などの記録簿。各種証明のための原簿となる。学生の情報など学籍にかかわる情報を記載しているほか、成績に関する情報なども記載されている。学籍に関する記載は 20 年間、それ以外の記載は 5 年間の保存が法令で定められている。

社会人基礎力 → 105
職場や地域社会で多様な人々と仕事をしていくために必要な基礎的な力。2006 年に経済産業省が提唱した。「前に踏み出す力」「考え抜く力」「チームで働く力」の 3 つの能力とそれぞれを具体化した 12 の能力要素として定義されている。

社会人入試 → 68
高校や大学をすでに卒業した者を対象とした入学者選抜。就業者に限定する場合や過去に就業していた人に限る場合など、大学によって要件はさまざまである。受験する科目の軽減や書類選考、論文、面接の実施など、一般選抜とは異なる方法で実施されることが多い。

修業年限　→ 8,46,57
カリキュラムを終えて、卒業・修了するのに必要とされる期間。大学の学士課程では4年と6年の分野がある。場合によっては飛び級、学士修士一貫プログラムなどの制度によって、標準的な修業年限より早期に卒業・修了することもある。

修士　→ 56
大学院の修士課程を修めた後に授与される学位。下位の学士と上位の博士の中間に位置する学位であり、博士（後期）課程を受験する際の基礎的な要件である。国際的には Master に相当する。

収容定員　→ 8,66
大学設置基準における教育環境確保のための定員。学科や課程を単位として、学部ごとに学則で定められている。この定員を大きく超えてしまうと、学生が大学の設備を十分に使えない、教員の指導が十分でなくなるなど悪影響がある。また、大きく割り込むことで大学経営の悪化にいたる。

準正課教育　→ 95
大学が関与する教育的な意図の高い学生の正課外活動の総称。教職員が支援するボランティア活動、フィールドワーク、学内起業などが含まれる。準正課活動や準正課プログラムと呼ぶ大学もある。

ジョイントディグリー　→ 22
複数の大学が一定の期間において学習プログラムを修了させることにより授与する単独の学位。海外の大学と日本の大学のジョイントディグリーについては、2014 年の大学設置基準などの改正において認められ、連携する大学が連名形式の学位を授与することができる。

奨学金　→ 12,122
学費や学生生活を金銭的に支援する制度。日本学生支援機構などの団体によるもの、学生の所属大学独自のものなどがある。返還を要する貸与と返還を要しない給付に分けられる。就学上必要な育英的な意味と勉学そのほかの活躍に対する奨励的な意味にも分けられる。

職業選択理論　→ 103
個人のもつ特性と職業が求める要件の組み合わせに注目したキャリア理論。20 世紀初頭、職業指導の父とも称されるパーソンズが提唱した。この理論に基づくことで職業選択は自己理解、仕事理解、マッチングの3つのステップで進められるとされる。

初年次教育 → 94,121,141
大学の初年次学生を対象とした教育。大学への入学に際して、中等教育からの円滑な移行を促すことや、入学後の教育内容の効果をより高めることを目的として、学生に提供される。大学生活への適応、大学で必要な学習スキルの獲得、当該大学への適応、自己分析、キャリア開発への導入、学習への動機づけ、専門領域への導入といった内容が含まれる。

シラバス → 24,31,41
授業における計画を示した資料。担当者、学習目標、学習内容、評価方法や基準、教科書や参考書、授業時間外の学習課題などが記されている。学生の履修登録のための情報提供だけでなく、学生の授業時間外を含めた学習の指針の提示や教員相互の授業内容の調整などに使用される。

私立大学等経常費補助金 → 141
私立大学などに対する経常的経費の補助金。私立学校振興助成法に基づく。私立大学などの教育条件と研究条件の維持向上、在学生の修学上の経済的負担の軽減、経営の健全化などを目的とする。日本私立大学学校振興・共済事業団が国から補助金を受けて学校法人に交付される。

正課外活動 → 11,78,88,100,122,126,140
正課教育の外に位置づけられる学生の活動の総称。部活、サークル活動やアルバイト、就職活動などが含まれる。これらの活動が学生の発達に与える影響は大きいことから、大学による組織的な支援が行われる場合もある。

正課教育 → 78,88,100,126,147
カリキュラムの中に設定した授業科目などで、学習の成果に対して単位を与える教育活動の総称。卒業要件に関係がなく、単位を付与しない活動を正課外活動といい、正課教育と比較して用いられることがある。

正規学生 → 46,55
正課教育を受ける学生のこと。定められた卒業・修了要件を満たすことで学位を受けることができる。非正規学生と区別される。

絶対評価 → 44
あらかじめ定められた基準に対する到達の程度で評価する方法。ある集団内で序列をつける相対評価と対比される。単位認定は基本的に絶対評価によって行われている。

専門職 → 3,17,57,72
専門的な知識や技能を必要とする職業。固有の専門的な知識や技能に支えられた職業分類。活動に一定の裁量が与えられるなどの特徴的な性質をもってほかから区分される諸職業として扱われる。医師、法律家、聖職者は、伝統的な専門職の代表とされる。

象牙の塔 → 134
現実から離れた閉鎖社会を表す言葉。世間知らずで独りよがりの非社会的な態度をとる大学人に皮肉を込めて使用される。フランスの批評家サント・ブーブが詩人ビニーの態度を評した言葉が由来となる。

総合型選抜 → 67
受験生の適性や能力、意欲などを総合して判定する入学者選抜。2020 年度までは AO 入試と呼ばれていた。書類審査、面接、実技試験、グループ・ディスカッションなどが行われることが多い。

卒業証明書 → 53
卒業要件を満たし、学校を卒業したことを証明する書類。卒業式などで渡される卒業証書とは異なる。就職、転職、教育機関への入学などに際して提出する必要がある。学生の卒業前には卒業見込証明書が発行される。

卒業要件 → 7,17,31,46,57
大学の教育課程を修了するために必要な条件。卒業要件を満たすことで卒業が認められ、学位の授与が決定される。大学設置基準では多くの分野で 4 年という期間と 124 単位以上の修得を要件として定めている。

第一世代 → 114
その家庭で初めて大学に進学した学生。第一世代の学生の家庭は高等教育を受けた者がいないため、大学について十分に理解していないことが多い。また進学についての理解を得られないこともあるため修学上の困難に直面しやすい。

大学改革支援・学位授与機構　→ 56,138
学位授与と大学評価を行う機関。文部科学省所管の独立行政法人である。1986年の臨時教育審議会答申で創設について検討することが提言され、前身組織である学位授与機構は 1991 年に発足した。大学以外で学位を授与することができる国内唯一の機関である。文部科学大臣の認証を受けた評価機関であり、認証評価、大学機関別選択評価、国立大学教育研究評価などを行っている。

大学基準協会→ 138
アメリカのアクレディテーション団体をモデルに 1947 年に国公私立大学 46 校が集まって設立された自立的な大学団体。認証評価制度が開始されてからは、評価機関として文部科学大臣から認証を受けている。

大学設置基準　→ 4,14,39,55,67,99,126,137
日本で大学を設置するのに必要な最低の基準を定めた法令。この基準は大学の設置後も維持しなければならない。教員組織、教員資格、収容定員、教育課程、卒業の要件などが定められている。大学設置基準は省令であり、文部科学大臣が制定することができる。

大学設置基準の大綱化→ 40
1991 年の大学設置基準改正のこと。大学設置基準により教育課程の編成方針が一定の基準のもとに定型化されていたが、この大綱化により各大学にゆだねられ、一般教育科目、外国語学目、専門科目にとらわれず、科目を自由に設定できるようになった。また、教養部の解体、カリキュラム改革、評価システムの導入などさまざまな改革を各大学が実施する発端と位置づけられる。

大学入学共通テスト　→ 63
日本の大学の共通入学試験。大学への入学を希望する者の高校段階での基礎的な学習の達成度合いを判定し、大学入試における判定材料として用いられる。大学入試センター試験に代わり、2021 年度の大学入学者選抜から導入された。独立行政法人大学入試センターが実施する。

タイラー原理　→ 18
アメリカの教育学者タイラーが提唱した、教育目的の設定を最初に明確に位置づけたカリキュラム編成の原理。目的を設定し、その目的に必要な学習経験を明らかにしてカリキュラムに組み込むという方法をとる。また目的が達成されたかを評価する段階を取り入れている点も特徴的である。この原理を洗練させたものが逆向き設計である。

ダブルディグリー →22,52
複数の大学が一定の期間において学習プログラムを修了させることにより授与する複数の学位。日本と外国の大学が、教育課程の実施や単位互換などについて協議し、双方の大学がそれぞれ学位を授与する。

単位 →7,26,30,39,52
大学で、進級・卒業の資格を認定するために用いられる計算の基準。一般に学習時間により決定される。各授業科目の単位数は各大学で定めるとし、大学設置基準上、1単位の授業科目は45時間の学修を必要とする内容をもって構成することを標準とする。

単位互換制度 →22,47,54
在籍する教育機関以外で修得した単位を、在籍する教育機関の単位として認定する制度。自分の教育機関では学べない分野の授業を受けることができる。単位互換制度により修得できる単位数は、大学、大学院、短期大学においてそれぞれ決められている。

単位制度 →39
授業科目を単位に分けて修得していく制度。大学などでは1単位あたり45時間の学修を必要とすることが定められている。学習時間には予習復習などの授業時間外の学習も含まれる。

単位制度の実質化 →41
単位制度が定める授業内外の学習時間の基準を満たすこと。本来、授業での学習時間とその授業にかかわる授業時間外での学習時間を満たすことが単位認定の基準であるが、その学習時間が満たされていないという実情への対応が迫られている。シラバスに授業外学習の内容や目安の時間を記載するなどの方策がとられる。

単位認定 →41,53
単位の授与を決定すること。授業科目を履修した学生に対する成績評価をもとに単位を与えるのが一般的である。また、ほかの教育機関における授業科目の履修、入学前に修得した単位によっても、教育上有益と認めるときは当該大学における授業科目の履修とみなして単位を認定することができる。

中央教育審議会　→ 7,15,77,88
文部科学大臣からの求めに応じて、教育、学術または文化に関する基本的な重要施策について専門家が調査・検討し、大臣へ意見を述べる機関。意見をまとめた結果を答申という。30 名以内の学識経験者である委員に加え、臨時委員や専門委員が置かれることもある。

ティーチングアシスタント　→ 44,144
授業における教育補助業務を行う大学院学生。大学教育の充実だけでなく、大学院学生の能力開発の機会提供や処遇の改善を目的としている。ティーチングアシスタントを対象とした研修も行われる。TA とも呼ばれる。

ディプロマ・サプリメント　→ 60
学位に添付される補足書類。取得学位や資格の内容、履修内容や GPA などの成績情報、授与機関に関する情報を含む。各国間の学位の水準などを均質化するために EU で初めて導入された。

ディプロマ・ポリシー　→ 7,15,41,59,66,86,108,141
卒業の認定に関する方針。卒業までにどのような能力の習得を目指すのか、学生が達成すべき具体的な学習成果を設定したものである。学校教育法施行規則において、アドミッション・ポリシーやカリキュラム・ポリシーとともに公表することが義務づけられている。

伝統的学生　→ 116
高校卒業後に社会経験をもたずに大学に入学する、伝統的に多数派を占める同年齢層の学生。社会経験をもつ成人学生やパートタイム学生などは非伝統的学生と呼ぶ。

内部質保証　→ 9,139
大学が自ら行う自己点検・評価と、それに基づく組織的な教育改善の活動。課程における教育研究活動への取り組み状況や、それによる学生の学習成果などを分析・評価しながら継続的な水準の維持に努め、教育の質が確保されていることを社会に対して保証すること。

日本学生支援機構　→ 119
学生支援を目的とした独立行政法人。2004 年に日本育英会、財団法人日本国際教育協会、財団法人内外学生センター、財団法人国際学友会、財団法人関西国際学友会が合併して設立された。主に奨学金事業、留学生支援事業、学生生活支援事業を実施している。

日本高等教育評価機構 → 138
認証評価を行う機関。日本私立大学協会を母体として2004年に設立された。文部科学大臣の認証を受けた評価機関であり、主に大学、短期大学、ファッション・ビジネス系専門職大学院の評価を行う。

入学前教育 → 33,68
学校推薦型選抜や総合型選抜合格者などの早期に入学が決定した受験生に対して行われる準備教育。高校までの学習内容を見直したり大学での学習を先取りしたりすることで、大学教育にスムーズに移行することを目的としている。ICTを活用した高校までの補習やレポートの書き方などの指導がある。

認証評価 → 9,138
文部科学大臣が認証する評価機関が実施する評価。2004年から大学、短期大学、高等専門学校および専門職大学院は、7年以内に1度、認証評価機関による評価を受けることが学校教育法で義務づけられている。

ネーミングライツ → 134
施設などに名称を付与する権利。権利を付与する側にとっては収入を得られ、付与される側にとっては法人名や商品名を広報するというメリットがある。もともとはスポーツ関連の施設で採り入れられることが多かった。

納付金 → 53,67
公的機関に支払われる金銭。大学における納付金には、入学金や年間の授業料のほか、実習費や施設整備費などがあり、大学によってさまざまである。学校教育法施行規則により、大学は在学中にかかる経費を受験生などにわかりやすく公表することを大学に義務づけている。

バカロレア → 63
フランスで実施される高校での教育の修了を認定するための国家試験。高校の教育課程の終わりに行われる。普通バカロレア、技術バカロレア、職業バカロレアの3つから構成されており、それぞれに対応した高等教育に接続することができる。国際バカロレアとは異なる。

博士 →56
大学院の博士課程を修めた後に授与される学位。最上位の学位として位置づけられている。国際的には Doctor に相当する。大学院の博士課程へ進学し、研究した後に博士の認定をされる課程博士と、博士課程を経ずに博士論文を提出し博士と認定される論文博士がある。

発達の最近接領域 →5
人が１人の学習で到達できる水準と、他者からの支援や相互作用で到達できる水準の差のこと。教育心理学者ヴィゴツキーが提唱した。ペアワークやディスカッションなど、学習者同士が協同して行う学習の効果を支える根拠である。

ハラスメント →12
さまざまな場面における嫌がらせの行為。大学にかかわるハラスメントとしては、セクシュアルハラスメント、アカデミックハラスメント、パワーハラスメントなどがある。職務上の立場や権利を悪用して行われることがある。ハラスメント防止や対策に関するガイドラインを制定する大学もある。

汎用的能力 →105
さまざまな状況のもとで活用することのできる能力。批判的思考力、コミュニケーション力、リーダーシップ、創造性、柔軟性などがあげられる。転移可能能力とも呼ばれる。汎用的能力を重視した概念として、中央教育審議会答申で提示された学士力、経済産業省の提言する社会人基礎力などがある。

ピアサポート →6
同じ立場の者による支援。大学においては、学生がほかの学生を支援する活動として使用される。学生生活への適応支援、学習支援、キャリア開発支援、留学生に対する支援、広報活動、図書館における支援、障害のある学生の支援などがある。

非正規学生 →55
科目等履修生や研究生など正課教育の一部を受ける、学位取得を目的としない学生の総称。学位を取得することはできない。また学内施設などの利用について正規学生より制限が課される場合がある。

廣中レポート →90
文部省高等教育局による報告書『大学における学生生活の充実方策について（報

告）―学生の立場に立った大学づくりを目指して』の通称。座長であった廣中平祐の名前にちなんでいる。学生中心の大学への転換を主張し、正課外活動の支援や学生相談のあり方について具体的な指針を示している。

フィードバック → 5, 85, 131
学習の進捗やプロセスに対して学習者に評価結果を返す、形成的評価の手段の1つ。到達度を判定することのみならず、学習の促進にも活用される。実施する際には、学習者の人数や教室環境、指導者の労力などを考慮する必要がある。

フィールドワーク → 6, 42, 96, 147
野外など現地での実態に即した調査・研究。野外調査。現地調査や実地調査ということもある。学問的に客観的な成果を求める活動であるため、自身の見聞を広めるだけの旅行や、学問的な手法に拠らずに未開・未踏の土地の実態を明らかにするだけの冒険とは一線を画する。

フンボルト理念 → 4
教育と研究の結合と大学の自治を謳った大学構想の理念。ドイツの思想家フンボルトはこの理念を掲げ、1810年のベルリン大学創設にかかわった。この大学が、現代の大学のモデルとされることから、フンボルト理念は日本の大学を支える理念でもある。

ボランティア → 11, 74, 89
災害時の支援活動や地域社会の課題解決などに自らの意思で参加する活動、あるいはその活動に従事する人。大学においては、主として正課外活動として行われるが、準正課教育として位置づけたり、単位認定を行う授業としたりする例も見られる。

モデルコアカリキュラム → 17
特定の領域のカリキュラム内容を抽出してモデル化したもの。必要になる知識の漏れを防ぐため、高度化する専門知や技術のうち、限られた期間の中で最低限修めるべきものを定めている。

やさしい日本語 → 117
日本語を第一言語としない人向けにつくられた日本語。難しい言葉を簡単な言葉に言い換える、あいまいな表現を避ける、複雑な文の構造を避けるなどの原則がある。1995年の阪神・淡路大震災の際に、日本にいた多くの外国人が必要な情報を得られなかった反省からつくられたという背景をもつ。

ユニバーサル段階 → 28, 99, 141
大多数の者が大学に進学し、大学進学が一種の義務と見なされる大学の発展段階。教育学者のマーチン・トロウによって提案された概念で、該当年齢人口に占める大学進学率が 50%以上の段階をいう。日本の場合は、2005 年頃以降の大学があてはまる。

ユニバーサルデザイン → 120
年齢や性別、身体の能力など多種多様な要因によってユーザーを差別化せず、誰もが共有可能な状態を実現する製品や環境のデザインの総称。アメリカのデザイナーで建築家でもあるメイスが 1980 年代に使い始めた。できるだけ多くの人が、身体的にも精神的にも苦痛を感じることなく快適に暮らしていける環境や社会を作っていくことを目標としている。

ラーニングコモンズ → 129, 138
学内に設けられた学習のための共有スペース。大学図書館に設置される事例が多く見られる。個人の学習はもとより、学生間の協同学習を推奨する意図がある。コモンズは共有資源を意味する外来語で、資源が共同で所有管理される仕組みや、そのように所有管理される資源そのものを指す。ラーニングコモンズでは、場所の共有を通じて、学びや知識生産の価値をも共有することが期待される。

リカレント教育 → 49
個人の興味関心や職業上の必要性から行われる再教育のこと。多くの場合、生涯をかけて教育の場と職業の場を行き来しながら行われる学習を意味する。高度化、複雑化する社会に対応するうえでその必要性が主張され、OECD の教育政策論の中に取り入れられるなど政策的な後押しもされている。

履修証明プログラム → 49
社会人などを対象とした、高等教育機関が提供するまとまりのある学習プログラム。多様なニーズに応じたさまざまな分野の学習機会の提供を目的としている。各種資格と結びつけるなど、職業キャリア形成への活用を目指して推進されている。

リベラルアーツ → 3
専門職業教育とは異なり、思考力や判断力の養成のための教養的知識の提供や、そのような能力を身につけさせることを目標にする教育。リベラルアーツの起源は、中世ヨーロッパの大学における教養教育である。リベラルアーツの教育を目的とした大学をリベラルアーツカレッジという。

リメディアル教育 →143
大学での授業を受けるうえで前提となる知識などを修得するための補習教育。高校教育での理数系科目や英語などに対して行われることが多い。正課教育の授業で行うものや、授業外で実施されるものなど実施形態は多様である。

ルーブリック →143
評価基準を観点と尺度で示した評価ツール。評価基準を明確化するために、それぞれの到達度を具体的に記述している点に特徴がある。さまざまな知識と技能を統合した学習成果を評価するのに適している。レポートや実技テストなどに活用される。複数の教員で評価する場合、共通の評価基準で評価することができる。

レイト・スペシャリゼーション →21
入学後に時間をかけて専門分野を確定させていく制度。入学してもまずは専門に縛られず広い領域について学習し、２年次以降などに自分の興味や関心、志向するキャリアに応じて専門分野を決めるようにする。早期に専門分野を絞ることによってミスマッチが生じる可能性を防ぐことができる。

ワークライフバランス →104
仕事と生活の調和を取ること。国民１人ひとりがやりがいや充実感をもちながら働き、仕事上の責任を果たすとともに、家庭や地域生活などにおいても、子育て期、中高年期といった人生の各段階に応じて多様な生き方が選択・実現できることを目指す。労働時間政策、非正規労働者政策、出生率向上政策、男女均等政策などの改革にかかわる。

参考文献

会津大学（2015）「学生対応マニュアル」
阿部利彦編（2017）『決定版！　授業のユニバーサルデザインと合理的配慮―子どもたちが安心して学べる授業づくり・学級づくりのワザ』金子書房
逸見敏郎（2015）「正課外教育のもつ教育力」『大学時報』第 364 号、pp. 56-63
井下理（2008）「大学教育における正課外活動」『IDE 現代の高等教育』No. 498、p. 32-37
インテリジェンス（2006）「アルバイト実態調査 2006」
レフ・セミョノヴィチ・ヴィゴツキー（柴田義松訳）（2001）『新訳版・思考と言語』新読書社
上畠洋佑（2018）「金沢大学における学習環境調査の事例報告」『愛媛大学教育・学生支援機構教育企画室ニュースレター　IR ニュース』第 5 号
潮木守一（2008）『フンボルト理念の終焉？―現代大学の新次元』東信堂
江口彰（2009）「インターンシップと正課外活動の経験比較」『日本インターンシップ学会年報』No. 12、pp. 33-38
愛媛大学教育企画室（2015）『データから考える愛大授業改善 Vol. 01』
エミットジャパン編（2005）『WebCT―大学を変える e ラーニングコミュニティ』東京電機大学出版局
E・H・エリクソン（岩瀬庸理訳）（1973）『アイデンティティ―青年と危機』金沢文庫
扇谷圭一（2020）「大学経営に求められる施設戦略―施設マネジメントが教育研究基盤を強化する」『カレッジマネジメント』Vol. 222、pp. 12-17
大竹秀和、諏佐賢司（2017）「日本の大学における正課外教育プログラムの現状」『大学アドミニストレーション研究』第 7 号、pp. 59-75
学徒厚生審議会（1958）「大学における学生の厚生補導に関する組織およびその運営の改善について」
加澤恒雄、冠地和生（2010）「大学における職員の使命―大学経営の活性化のために」『広島工業大学紀要研究編』第 44 巻、pp. 353-359
桂瑠以（2012）「学生寮調査報告―学生寮の生活環境及び人間関係に着目して」『高等教育と学生支援』第 3 巻、pp. 30-42
金子元久（2013）『大学教育の再構築』玉川大学出版部
河井亨（2014）「大学生の成長理論の検討―Student Development in College を中心に」『京都大学高等教育研究』第 20 号、pp. 49-61
河井亨（2016）「大学教育とインフォーマル学習」山内祐平、山田政寛編『インフォーマル学習』ミネルヴァ書房、pp. 67-91

川﨑孝明、中嶋弘二、川嶋健太郎、川口惠子（2014）「大学における寄り添い型学生支援体制の構築―中途退学防止の観点からの実践的アプローチ」『尚絅大学研究紀要A．人文・社会科学編B．自然科学編』第46号、pp. 75-89
川嶋太津夫（2014）「教学マネジメントと教育の質保証」『大学評価研究』第13号、pp. 5-18
川嶋太津夫（2018）「学生の多様化とグローバル化―米国の経験と日本への示唆」『高等教育研究』第21集、pp. 171-192
菊池武剋（2012）「キャリア教育」『日本労働研究雑誌』4月号（No. 621）、pp. 50-53
北澤泰子、望月由起、霜鳥美和（2014）「学生寮におけるピアサポーターの成長に関する一考察―お茶大SCCのレジデント・アシスタントを事例として」『高等教育と学生支援』第5号、pp. 85-94
教育法令研究会編（2015）『図表でわかる　教育法令』学陽書房
葛城浩一（2011）「日本における学生支援活動の歴史的変遷」『学生による学生支援活動の現状と課題（広島大学高等教育研究開発センター高等教育研究叢書112）』pp. 17-33
倉元直樹編（2020a）『東北大学大学入試研究シリーズⅠ　「大学入試学」の誕生』金子書房
倉元直樹編（2020b）『東北大学大学入試研究シリーズⅡ　大学入試センター試験から大学入学共通テストへ』金子書房
経済同友会（2014）「知日派・親日派外国人層の養成と日本企業のグローバル化促進に向けて―外国人社員やJETプログラム経験者の活用状況に関するアンケート調査結果」
国立教育政策研究所高等教育研究部（2014）「大学生の学習状況に関する調査について（概要）」
国立大学協会（2019）『国立大学法人職員必携』
小島理絵（2010）「オープンキャンパス考〈上〉　大学の何を伝えるか　オープンキャンパスの成り立ち」『教育学術新聞』第2402号
佐々木亨（1984）『大学入試制度』大月書店
佐藤博樹、堀有喜衣、堀田聰子（2006）『人材育成としてのインターンシップ　キャリア教育と社員教育のために』労働新聞社
佐野亨子（2012）『教育マーケティング理論の新展開』東信堂
澤邉潤（2018）「教職協働による地域連携型教育プログラム開発の試行的取組―新潟県小千谷市へのフィールドワークを事例として」『新潟大学高等教育研究』第6巻、pp. 39-44
繁桝算男編（2014）『新しい時代の大学入試』金子書房

柴田義松編（2001）『教育課程論』学文社
清水栄子（2011）「『SD の新たな地平―『大学人』能力開発に向けて』アンケート結果の概要について」『大学教育学会誌』第 33 巻第 1 号、pp. 53-57
清水和秋、三保紀裕（2013）「大学での学び・正課外活動と『社会人基礎力』との関連性」『関西大学社会学部紀要』第 44 巻第 2 号、pp. 53-73
清水一彦（1992）「大学『単位制』の考え方―医学専門科目の時間制から単位制への切り換え」『医学教育』、第 23 巻第 4 号、pp. 231-235
清水一彦（1998）『日米の大学単位制度の比較史的研究』風間書房
下村英雄（2015）「コンストラクション系のキャリア理論の根底に流れる問題意識と思想」渡部昌平編『社会構成主義キャリア・カウンセリングの理論と実践ナラティブ、質的アセスメントの活用』福村出版
杉田郁代（2019）「大学教育におけるクラス担任制度の現状と課題」『高知大学教育研究論集』第 24 巻、pp. 57-62
鈴木勲編（2016）『逐条　学校教育法（第 8 次改訂版）』学陽書房
寿山泰二（2008）「大学のキャリア教育とインターンシップ」『京都創成大学紀要』第 8 巻第 2 号、pp. 45-56
関口倫紀（2010）「大学生のアルバイト経験とキャリア形成」『日本労働研究雑誌』 9 月号（No. 602）、pp. 67-85
岨中達（1990）「学生相談―現在・過去・未来、または KSCA 小史」『京都大学学生懇話室紀要』第 20 輯、pp. 1-6
大学 ICT 推進協議会（AXIES）ICT 利活用調査部会（2020）「高等教育機関における ICT の利活用に関する調査研究結果報告書（第 2 版）」
大学改革支援・学位授与機構（2016）『高等教育に関する質保証関係用語集　第 4 版』
大学改革支援・学位授与機構編（2020）『大学改革支援・学位授与機構高等教育質保証シリーズ　内部質保証と外部質保証―社会に開かれた大学教育をめざして』ぎょうせい
大学基準協会（2020）「大学評価ハンドブック 2020（令和 2 ）年改訂」
ラルフ・W・タイラー（金子孫市監訳）（1978）『現代カリキュラム研究の基礎―教育課程編成のために』日本教育経営協会
武内清、浜島幸司、大島真夫（2005）「現代大学生の素顔―『12 大学・学生調査』から」竹内清編『大学とキャンパスライフ』、pp. 293-315
竹中喜一、仲道雅輝、村田晋也、中井俊樹、小林直人（2021）「遠隔実施による新任教員研修の成果と課題―愛媛大学授業デザインワークショップにおける実践をもとに」『大学教育実践ジャーナル』第 19 号、pp. 165-172
谷守正寛（2017）「甲南大学における学部留学生受入れによる教育等支援上の課

題と考察」『甲南大学教育学習支援センター紀要』第2号、pp. 15-32
近田政博、鳥居朋子（2010）「優秀学生を対象にした特別教育プログラムの日米比較—学士課程におけるオナーズプログラムの役割に注目して」『大学教育学会誌』第32巻第1号、pp. 85-93
中央教育審議会（2008）「学士課程教育の構築に向けて（答申）」
中央教育審議会（2011）「今後の学校におけるキャリア教育・職業教育の在り方について（答申）」
中央教育審議会（2018）「2040年に向けた高等教育のグランドデザイン（答申）」
中央教育審議会大学分科会（2020）「教学マネジメント指針」
中央教育審議会大学分科会大学教育部会（2016）「『卒業認定・学位授与の方針』（ディプロマ・ポリシー）、『教育課程編成・実施の方針』（カリキュラム・ポリシー）及び『入学者受け入れの方針』（アドミッション・ポリシー）の策定及び運用に関するガイドライン」
バーバラ・グロス・デイビス（香取草之助監訳）（2002）『授業の道具箱』東海大学出版会
中井俊樹（2014）「教学マネジメントにおける大学職員の役割」『高等教育研究』第17集、pp. 95-112
中井俊樹（2020a）「カリキュラムの構成要素を理解する　上」『教育学術新聞』第2806号
中井俊樹（2020b）「カリキュラムの構成要素を理解する　下」『教育学術新聞』第2807号
中井俊樹、上西浩司編（2012）『大学の教務Q&A』玉川大学出版部
中井俊樹、齋藤芳子（2007）「アメリカの専門職団体が描く学生担当職員像—学生担当職のための優れた実践の原則」『名古屋高等教育研究』第7号、pp. 169-185
中井俊樹、鳥居朋子、藤井都百編（2013）『大学のIR Q&A』玉川大学出版部
中井俊樹、中島英博（2005）「優れた授業実践のための7つの原則とその実践手法」『名古屋高等教育研究』第5号、pp. 283-299
中井俊樹、森千鶴編（2020）『看護教育実践シリーズ1　教育と学習の原理』医学書院
中里陽子、吉村裕子、津曲隆（2016）「サービスラーニングの高等教育における位置づけとその教育効果を促進する条件について」『アドミニストレーション』第22巻第1号、pp. 164-181
中留武昭（2012）『大学のカリキュラムマネジメント—理論と実際』東信堂
中本陵介、垂門伸幸（2015）「面談を通して把握した低単位学生の特徴と学業関連領域における支援策実践例—ピア・サポーターを活用した修学支援」『高等

教育フォーラム』第5号、pp. 147-157
名古屋大学高等教育研究センター編（2007）『ティップス先生からの7つの提案〈教務学生担当職員編〉』
日本学生支援機構（2007）「大学における学生相談体制の充実方策について―『総合的な学生支援』と『専門的な学生相談』の『連携・協働』」
日本学生支援機構（2015）「平成23年度協定等に基づく日本人学生留学状況調査結果」
日本学生支援機構（2018）『合理的配慮ハンドブック―障害のある学生を支援する教職員のために』
日本学生支援機構（2020）「大学等における学生支援の取組状況に関する調査（令和元年度（2019年度））結果報告」
日本学生相談学会（2013）「学生相談機関ガイドライン」
日本教育学会入試制度研究委員会編（1983）『大学入試制度の教育学的研究』東京大学出版会
日本経済団体連合会（2020）『採用と大学教育の未来に関する産学協議会・報告書「Society5.0に向けた大学教育と採用に関する考え方」』
日本高等教育開発協会・ベネッセ教育総合研究所編（2016）『大学生の主体的学びを促すカリキュラム・デザイン』ナカニシヤ出版
日本私立大学協会（2008）「学士課程教育構築のポイント―建学の精神の具現化、理事会の意識改革、大学職員の役割、学長のリーダーシップ　黒田学士課程小委主査に聞く」『教育学術新聞』第2349号
日本私立大学連盟編（1984）『私立大学職員入門』第一法規出版
日本私立短期大学協会編（2017）『短期大学教務必携』
日本能率協会（2011）『大学職員ナレッジ・スタンダード　大学業務知識編Ⅱ』
野田文香、渋井進（2016）「『単位制度の実質化』と大学機関別認証評価」『大学評価・学位研究』第17号、pp. 20-33
野水勉、新田功（2014）「海外留学することの意義―平成23・24年度留学生交流支援制度（短期派遣・ショートビジット）追加アンケート調査分析結果から」『留学交流』2014年7月号、p. 20-39
服部典子（2014）「学生支援における履修相談の機能と役割―法政大学キャリアデザイン学部における履修相談の特徴とプロセスの検討を通して」『法政大学キャリアデザイン学部紀要』第11号、pp. 151-181
浜島幸司（2014）「大学生の大学滞在時間―4時点（1996年・2001年・2006年・2011年）の比較から」『武蔵野大学教養教育リサーチセンター紀要 The Basis』第4号、pp. 99-113
半澤礼之（2006）「大学進学動機と学業取り組み態度、学業・授業意欲低下の関

連」『武蔵野大学人間関係学部紀要』第3号、pp. 123-131
福田亘孝、佐久間邦友、センチャンダ（2013）「大学生の入学経路と進学意識についての一考察—質問紙調査をもとに」『日本大学FD研究』第1号、pp. 1-16
福留東土（2015）「20世紀前半におけるハーバード大学のカリキュラムの変遷—自由選択科目制から集中—配分方式へ」『大学経営政策研究』第5号、pp. 45-63
藤野裕介（2015）「“全カリ”、もうひとつの横顔」『大学教育研究フォーラム』第20号、pp. 87-88
藤原芳行（1993）「学生関連業務の起源とその展開—Student Personnel ServiceからStudent Developmentへ」「1993年度学生部部・課長会議（研修会）記録」pp. 8-25
文教協会編（2016）『大学設置審査要覧』
ベネッセ教育総合研究所（2016）『第3回　大学生の学習・生活実態調査報告書ダイジェスト版』
堀越弘（2007）「マーク・サビカス—キャリア構築理論」『新版　キャリアの心理学　キャリア支援への発達的アプローチ』ナカニシヤ出版
本田弘（1995）『行政広報—その確立と展開』三和書籍
松尾睦（2006）『経験からの学習—プロフェッショナルへの成長プロセス』同文館出版
松下佳代（2012）「パフォーマンス評価による学習の質の評価—学習評価の構図の分析にもとづいて」『京都大学高等教育研究』第18号、pp. 75-114
溝上慎一（2009）「『大学生活の過ごし方』から見た学生の学びと成長の検討—正課・正課外のバランスのとれた活動が高い成長を示す」『京都大学高等教育研究』第15号、pp. 107-118
三保紀裕、清水和秋（2011）「大学進学理由と大学での学習観の測定—尺度の構成を中心として」『キャリア教育研究』第29巻第2号、pp. 43-55
六車正章（2005）「大学における資格の単位認定の現状—全国大学調査の集計・分析から」『大学評価・学位研究』第2号、pp. 21-46
牟田博光（1997）『変わる社会と大学』放送大学教育振興会
村瀬隆彦（2020）「教務の現場から見た大学設置基準の課題」『教育学術新聞』第2803号
村田晋也、小林直人（2015）「正課教育、準正課教育、正課外活動—「愛大学生コンピテンシー」の育成のために」『大学時報』第364号、pp. 42-47
森山至貴（2020）『10代から知っておきたい あなたを閉じこめる「ずるい言葉」』WAVE出版

文部科学省（2019）「単位互換制度の運用に係る基本的な考え方」
文部科学省（2020）「戦略的な施設マネジメント実践事例集 2019（概要）」
文部科学省、厚生労働省、経済産業省（2014）「インターンシップの推進にあたっての基本的な考え方」
文部科学省高等教育局（2000）「大学における学生生活の充実方策について（報告）―学生の立場に立った大学づくりを目指して」
森利枝（2019）「学修時間と単位制度を再検討する―日本の議論から」令和元年度 IDE 大学セミナー講演資料
吉田文（2013）『大学と教養教育―戦後日本における模索』岩波書店
シェルダン・ロスブラット（吉田文、杉谷祐美子訳）（1999）『教養教育の系譜―アメリカ高等教育にみる専門主義との葛藤』玉川大学出版部
Astin, A. W.（1993）An Empirical Typology of College Students, *Journal of College Student Development*, Vol. 34, pp. 36-46.
Brown, D. & Brooks, L.（1996）*Career Choice and Development*, 3rd ed., Jossey-Bass.
Chickering, A. W. & Gamson, Z.（1987）Seven Principles for Good Practice in Undergraduate Education, *AAHE Bulletin*, March 1987, a publication of the American Association of Higher Education.
Chickering, A. W. & Reisser, L.（1969）*Education and Identity*, Jossey-Bass.
Chickering, A. W. & Reisser, L.（1993）*Education and Identity*, 2nd ed., Jossey-Bass.
Crone, I., MacKay, K.（2007）Motivating Today's College Students, *Peer Review*, Winter 2007, Vol. 9, No. 1.
Drake, J. K., Jordan, P. & Miller, M. A.（2013）*Academic Advising Approaches: Strategies That Teach Students to Make the Most of College*, Jossey-Bass.
Evans, N. J., Forney, D. S., Guido, F. M., Patton, L. D. & Renn, K. A.（2010）*Student Development in College: Theory, Research and Practice* ,2nd ed., Jossey-Bass.
King, N. S.（2008）Advising Delivery: Group Strategies, Gordon, V. N., Habley, W. R, Grites, T. J. & Associates, *Academic Advising: A Comprehensive Handbook*, 2nd ed., Jossey-Bass, pp. 279-291.
King, M. C. & Kerr, T. J.（2004）Academic Advising, Upcraft, M. L., Gardner, J. N. & Barefoot, B. O. *Challenging and Supporting the First Year Student: A Handbook for Improving the First Year of College*, Jossey-Bass, pp. 320-338.
Komives, S. R. & Woodard, D. B. Jr.（2003）*Student Services: A Handbook for the Profession*, 4th ed., Jossey-Bass.
Oblinger, D, G.（Ed.）（2006）*Learning Space*, Educause.

Parsons, F. (1909) *Choosing a Vocation*, Houghton-Mifflin.

Pascarella, E. T. & Terenzini, P. T. (1991) *How College Affects Students*, Jossey-Bass.

Perry, W. G. Jr. (1999) *Forms of Intellectual and Ethical Development in the College Years: A Scheme*, 2nd ed., Jossey-Bass.

Puteh M., Che Ahmad C. N., Mohamed Nah N., Adnan M. & Ibrahim M. H. (2015) The Classroom Physical Environment and Its Relation to Teaching and Learning Comfort Level, *International Journal of Social Science and Humanity*, Vol. 5, No. 3, pp. 237-240.

Rogers, J. (2008) *Coaching Skills: A Handbook*, 2nd ed., Open University Press.

Sanford, N. (1966) *Self and Society: Social Change and Individual Development*, Atherton Press.

Savickas, M. L. (1997) Career Adaptability: An Integrative Construct Life-span, Life-space Theory, *The Career Development Quarterly*, Vol. 45, pp. 247-259.

Savickas, M. L. (2005) The Theory and Practice of Career Construction, Brown, S. D. & Lent, R. W. *Career Development and Counseling: Putting Theory and Research to Work*, Hoboken, John Wiley & Sons, pp. 42-70.

Strange, C. C. & Banning, J. H. (2015) *Designing for Learning: Creating Campus Environments for Student Success*, 2nd ed., Jossey-Bass.

Super, D. E. (1980) A Life-span, Life-space Approach to Career Development, *Journal of Vocational Behavior*, Vol. 16, 282-296.

Super, D. E., Savickas, M. L. & Super, C. M. (1996) The Life-span, Life-space Approach to Careers. In Brown, D., Brooks, L., & Associates (Eds.) *Career Choice and Development*, Jossey-Bass.

執筆者（2021年4月現在）

中井俊樹（なかい・としき）　編者、1章

愛媛大学教育・学生支援機構教授
専門は大学教育論、人材育成論。1998年に名古屋大学高等教育研究センター助手となり、同准教授などを経て2015年より現職。大学教育学会および日本高等教育開発協会理事。著書に『アクティブラーニング』（編著）、『看護現場で使える教育学の理論と技法』（編著）、『大学のIR Q&A』（共編著）、『大学の教務Q&A』（共編著）、『大学教員のための教室英語表現300』（編著）、『大学教員準備講座』（共著）、『アジア・オセアニアの高等教育』（分担執筆）、『成長するティップス先生』（共著）などがある。

上畠洋佑（うえはた・ようすけ）　6章

桐蔭横浜大学教育研究開発機構准教授
専門は高等教育論。金沢大学国際基幹教育院特任助教、愛媛大学教育・学生支援機構特任助教、新潟大学教育・学生支援機構准教授を経て、2021年より現職。奈良県立医科大学医学部看護学科、新潟県立看護大学などでFD研修講師を経験。早稲田大学大学院文学研究科教育学コース博士後期課程満期退学。主要な著書などに、『看護教育実践シリーズ1　学習と教育の原理』（分担執筆）、「日本の私立看護系大学に関する研究―文部科学省政策に着目した私立看護系大学増加要因分析の知見と限界」（早稲田大学大学院文学研究科紀要、第62輯）がある。

葛城浩一（くずき・こういち）　7章

香川大学大学教育基盤センター准教授
専門は教育社会学。広島大学教育学部教育学科卒、広島大学にて博士（教育学）。広島大学高等教育研究開発センターCOE研究員、香川大学大学教育開発センター講師、同准教授を経て現職。兵庫大学客員研究員。著書に『ノンエリートのためのキャリア教育論』（分担執筆）、『大学改革を成功に導くキーワード30』（分担執筆）、『変貌する世界の大学教授職』（分担執筆）、『日本の大学教授市場』（分担執筆）などがある。

上月翔太（こうづき・しょうた） 10章

愛媛大学教育・学生支援機構特任助教
専門は高等教育論、文芸学、西洋古典文学。2010年大阪大学大学院文学研究科博士前期課程修了後、民間企業での勤務を経て、2019年大阪大学大学院文学研究科博士後期課程文化表現論専攻文芸学専修を単位修得退学。日本学術振興会特別研究員（DC2）、大阪産業大学等非常勤講師、大阪大学大学院文学研究科助教を経て、2020年より現職。著書に『西洋古代の地震』（共訳）などがある。

清水栄子（しみず・えいこ） 3章、11章

追手門学院大学基盤教育機構准教授
専門は高等教育論。博士（教育学）。安田女子大学事務局、公立大学協会事務局主幹、阿南工業高等専門学校FD高度化推進室講師、愛媛大学教育・学生支援機構助教、同講師を経て2018年9月より現職。著書に『アカデミック・アドバイジング』（単著）、『大学のFD Q&A』（分担執筆）、『看護教育実践シリーズ3 授業方法の基礎』（分担執筆）がある。

竹中喜一（たけなか・よしかず） 12章

愛媛大学教育・学生支援機構講師
専門は大学職員の能力育成を中心とする高等教育論、教育工学。大阪大学人間科学部卒業後、民間企業でのSEや営業支援の業務を経て、2008年関西大学に専任事務職員として入職。学生による教育・学修支援制度の設計・運用、ICT活用支援、授業評価、SD、教学IR関連業務を担当。関西大学在職中に名古屋大学大学院教育発達科学研究科博士前期課程修了後、大阪大学大学院人間科学研究科博士後期課程修了。博士（人間科学）。愛媛大学教育・学生支援機構特任助教を経て、2019年より現職。著書に『大学のFD Q&A』、『アクティブラーニング型授業としての反転授業［実践編］』（ともに分担執筆）などがある。

橋場論（はしば・ろん）　2章、9章

福岡大学教育開発支援機構准教授
立教大学コオプ教育・インターンシップオフィス学術調査員、福岡大学教育開発支援機構講師などを経て2019年より現職。主に、FDを担当。専門は教育学、教育制度論、学生支援論。著書に『教育の法と制度』（共著）、『学寮プログラムの現代的展開』（共編著）などがある。

宮林常崇（みやばやし・つねたか）　4章、5章

東京都公立大学法人東京都立産業技術大学院大学管理課長
公立大学法人首都大学東京（現在の東京都公立大学法人）に入職後、首都大学東京（現在の東京都立大学）で教務畑を中心に歩み、文部科学省へ出向した後、教務課基礎教育担当係長・教務係長、国際課国際化推進本部教務企画担当係長、日野キャンパス管理課庶務係長、URA室長、企画広報課長等を経て2020年4月から現職。主に職員対象の研修会やセミナーにおいて人材育成に関する報告・発表を行っている。公立大学協会共通テキスト編集チームリーダー、名古屋大学高等教育研究センター教務系SD研究会・大学教務実践研究会事務局長、同センターマネジメント人材育成研究会、公立大学職員SDフォーラム代表。

村山孝道（むらやま・たかみち）　8章

京都文教中学校・高等学校事務長
1996年に京都文教学園入職後、大学の教務畑を中心に歩み、その後総務課（学長秘書）や学長企画部（教学企画）などの業務に従事。2021年4月より現職。大学コンソーシアム京都SD研修委員長、大学行政管理学会理事・研究研修委員、大学職員「人間ネットワーク」副会長・理事等を歴任し、大学職員の人材開発に携わっている。現在、同志社大学大学院総合政策科学研究科博士後期課程に在籍し、大学職員のHRM（Human Resource Management：人的資源管理）研究に従事している。著書に『大学を変える、学生と変える』（分担執筆）などがある。

大学 SD 講座 2

大学教育と学生支援

2021 年 5 月 15 日　初版第 1 刷発行

編著者 ――――― 中井俊樹
発行者 ――――― 小原芳明
発行所 ――――― 玉川大学出版部
〒 194-8610　東京都町田市玉川学園 6-1-1
TEL 042-739-8935　FAX 042-739-8940
http://www.tamagawa.jp/up/
振替　00180-7-26665
装　丁 ――――― しまうまデザイン
印刷・製本 ――― 創栄図書印刷株式会社

乱丁・落丁本はお取り替えいたします。
©Toshiki Nakai 2021　Printed in Japan
ISBN 978-4-472-40552-5 C3037 / NDC 377